La femme parfaite est une connasse !

L'INTÉGRALE

ANNE-SOPHIE

GIRARD

MARIE-ALDINE

GIRARD

La femme parfaite est une connasse !

L'INTÉGRALE

J'AI LU

Dans la même collection
aux Éditions J'ai lu

LA FEMME PARFAITE EST
UNE CONNASSE !
N° 10155

ZÉRO POINTÉ
N° 10158

MES PARENTS FONT DES SMS
N° 10239

FERME-LA ! MON CHÉRI
N° 10244

ANTIGUIDE DE SAVOIR-VIVRE
N° 10170

CHERS VOISINS
N° 10156

LES PERLES DE LA PRESSE
N° 10243

LES MEILLEURES
BLAGUES DE TOTO
N° 10157

LES BOLOSS DES
BELLES LETTRES
N° 10725

COMMENT DEVENIR
UN NINJA GRATUITEMENT
N° 10343

LOL CHATS
N° 10502

COMMENT SURVIVRE À UNE
ÉNORME GUEULE DE BOIS ?
N° 10344

ANTIGUIDE DE LA MODE
N° 10536

COMMENT SAVOIR SI VOUS ÊTES
NOIR
N° 10626

COMMENT SURVIVRE DANS LES
TRANSPORTS EN COMMUN
N° 10641

MINITEL ET FULGUROPOING
N° 10640

CHERS VOISINS 2
N° 10724

GRUMPY CAT
N° 10714

FILLE QUI ROULE N'AMASSE
PAS MEC
N° 10722

LA FEMME PARFAITE EST UNE
CONNASSE ! 2, LE RETOUR
N° 10896

TOURISTA
N° 10650

LA POLITIQUE POUR TOUS
N° 10642

JE VAIS PAS ME TAIRE PARCE
QUE T'AS MAL AUX YEUX
N° 10956

COMMENT SAVOIR SI
VOUS ÊTES JUIF
N° 10501

PLOUC TOUJOURS
N° 11089

À maman, Daddy, les Woo girls
et tous ceux qui ont fait de nous les femmes
imparfaites que nous sommes.

Collection dirigée par Christophe Absi

Illustrations d'Alice Peronnet

« L'important n'est pas ce qu'on fait de nous, mais ce que nous faisons nous-mêmes de ce qu'on a fait de nous. »
Jean-Paul Sartre

« Le succès, c'est d'aller d'échec en échec sans perdre son enthousiasme. »
Winston Churchill

Sommaire
La femme parfaite est une connasse !

Préface ... 21
Avant-propos ... 23
La théorie du « foutu pour foutu... » ... 26
La théorie du « foutu pour foutu » est déclinable à souhait ... 27
Jurisprudence de la frange ... 28
Liste des chansons honteuses, mais qu'on aime quand même ! ... 30
Règles à suivre lorsqu'on entend une de ces chansons ... 31
Le pot de départ de Michel ... 32
Comment savoir qu'on est « trop vieille pour ces conneries » ? ... 33
Le barème Silverdrake ... 34
Quel chiffre êtes-vous sur une échelle de 1 à 10 ? ... 35
La femme parfaite sait recevoir ... 36
Phrases de connasses ... 37
Des vacances pourries... ... 39
On est toutes des boulimiques ! ... 40
La théorie du pot de cacahuètes ... 41
Cette vendeuse est une connasse ! ... 43
Photographie : les figures imposées ... 44
Comment être toujours canon sur les photos ... 45
Comment savoir qu'on a une vie de merde ? ... 46
Comment garder sa dignité quand on est complètement bourrée ? ... 48
TEST : Alcool. Quelle buveuse êtes-vous ? ... 49
Je suis balaaaadeeee ! ... 50
Des chaussures pour rester assises ... 52
Mais qui peut encore supporter des talons à 3 heures du matin ? ... 53
Jalousie entre filles ... 54
Comment choisir sa photo de profil sur Facebook ? ... 55
Quand elles chantent en anglais, elles connaissent les paroles, elles ! ... 56

Nous, même en français, on a du mal 57
Le jean test 58
Je suis une princesse et une princesse, ça fait pas caca 60
Comment réagir devant un bébé laid ? 61
Elles réussissent à ne pas faire mourir leurs plantes vertes 62
Les hontes inavouées 64
Vos hontes inavouées (à remplir soi-même) 65
La théorie du « vernis écaillé » 66
Comment se comporter avec la nouvelle femme de son ex ? 67
Chagasse / Pas chagasse 68
Quelle chagasse êtes-vous ? 69
Nuit gravement à la santé 70
Liste des choses interdites en discothèque 72
C'est moi qui l'ai fait ! 73
La théorie de la Scarlett Johansson 74
C'est pas au vieux singe qu'on apprend à faire la pluie 76
Quelques expressions (presque) françaises 77
Qui arrive à manger 5 fruits et légumes par jour ? 78
J'ai fait texto deuxième langue 80
Traduction français / texto 81
Comment humilier publiquement une amie ? 82
Demain, je me mets au sport ! 84
Facebook ou « Comment ils nous font croire qu'ils ont une vie géniale » 85
Le complexe de la machine à café 86
J'peux pas vendredi... C'est la finale de Secret Story 87
On n'a besoin de personne 88
Il me faut AB-SO-LU-MENT une « machine à pain » ! 90
Il est tout pourri ton cadeau 91
La vérité sur les cadeaux 92
Liste des cadeaux interdits 93
Les mères parfaites 94
Quoi ?! T'avais pas gardé le ticket ?! 96

Les « Nouvel An » sont toujours foireux 97
Tin tin tintin, tin tin tintin 98
Et on fait tourner les serviettes 99
« Qui c'est qu'a pété ?! » 100
Ces filles qui ne mangent qu'une salade... 102
Interdiction du texto bourré 103
La star du collège vieillit mal 104
Hommage 105
La faute à Meg Ryan 106
Les AP 108
Analyse de la photo de profil d'un mec 109
Le rencard foireux 110
Gay / Pas gay 112
Le Shark 113
Comment épater un mec 114
Concept du veto 115
Exceptions au droit de veto 116
Pense-bête à l'usage des filles qui veulent mieux comprendre les hommes 120
La théorie de l'indifférence 122
Ne le rappelle pas tout de suite, il va penser que c'est gagné 124
La règle des 3 jours 125
Comment savoir qu'un mec est trop jeune pour nous 128
Faut-il coucher le premier soir ? 129
Mais au fait, pourquoi j'ai couché avec lui ? 130
La « mi-molle » 132
C'est pas grave, ça arrive à tout le monde... 133
Le retour de la honte 134
Dis-moi combien tu as eu de partenaires sexuels, je te dirai qui tu es 135
Liste des partenaires sexuels 136
Votre liste de « partenaires » 137
Je t'aime, ma couille 139
Au secours ! Mon mec porte des Crocs 140

Tout tee-shirt à caractère humoristique est proscrit 141
On déteste les Beckham 143
Au secours ! Mon mec est radin ! 144
Ce soir, je passe à la casserole 146
Liste des questions à ne pas poser si vous ne voulez
pas entendre les réponses 150
Oups ! J'ai trompé mon mec 151
Comment savoir qu'il va nous quitter 152
Hurt me once, shame on you ! Hurt me twice, shame on me ! 154
Exemples de textos de rupture 156
Oups ! Je suis cocue ! 158
Rupture : les 7 phases du deuil 160
Rupture : nos 7 phases à nous 161
La loi des ex 162
Remerciements 165

La femme parfaite est une connasse ! – Le retour

Préface 173
Avant-propos 175
La femme parfaite est mystérieuse... elle ! 178
La « target » 180
Je peux mourir si je ne m'achète pas ce sac ! 182
Les mecs qui se remettent trop vite de notre séparation 183
Comment savoir qu'il faut fuir cette soirée ? 184
On a notre propre sens de l'orientation 187
La femme parfaite n'est jamais déprimée 188
Les textos entre copines 190
L'enfant de notre amie est insupportable 191
TEST : Quel sociopathe êtes-vous ? 193
Pense-bête à l'usage des filles qui veulent mieux comprendre
les connasses 194
On va pas s'mentir ! 196
L'homme parfait est un connard ! 197

La théorie du « Oh, ça vaaa ! » 199
Se faire voler le nom de son futur enfant 200
On se fait des films 203
Cette coiffeuse est une connasse ! 204
Mensonges de coiffeuse 205
La chaise magique 207
Comment savoir qu'on n'était pas populaire au collège ? 208
La théorie du « fading » 212
La femme parfaite est discrète... elle ! 213
Quand on est bourrée... 215
Le bisou du lendemain 216
Le bisou du lendemain : cas pratique 217
Très chère Véronika... 218
Listes de choses qu'on aurait mieux fait de ne pas faire en fin de soirée 221
La connasse a accouché 222
La liste des cinq stars 225
On est parti en vacances avec une connasse ! 227
La nouvelle meuf de notre ex peut nous dire MERCI ! 229
Le syndrome du : « Je suis sûre que j'ai raté mon contrôle ! » 230
Les blagues à papa 232
La théorie du « mec à trois bières » 234
Comment revoir son échelle à la baisse 235
On est toutes des escroqueries 237
Phrases de connasse qui veut être gentille... Mais non 238
Phrases de connasse qui veut être gentille... Mais qui est raciste 239
Les légendes urbaines 241
La tyrannie du maillot de bain 242
Le régime, c'est simple ! 244
Quelle « trouble maker » êtes-vous ? 246
OK... On se met en scène 248
OK... On se met en scène (suite) 249
Parce que parfois notre mec est une connasse... 252
La théorie du « tiré/décalé » 253
On est des « James Bond » en carton 254

Mettre les photos de nos enfants sur Facebook 255
Comment reconnaître l'homme parfait ? 256
« Je ne veux pas m'épiler la moustache parce qu'après ce sera pire ! » 259
Révélation 260
Pourquoi sur la femme parfaite ça fait classe, alors que sur nous... 261
« Hey ! Si on faisait des pâtes ! » 262
« Il m'a quittée pour une plus jeune » 265
Ça nous rend folles ! 266
Post rupturum... Animal triste 268
J'ai perdu ma dignité ! 270
J'ai perdu ma dignité ! : pense-bête 271
« Ma mère est parfaite* » 273
Les films dont on a un peu honte mais qu'on aime quand même 274
Palmarès des comédies qu'il est nécessaire de faire connaître aux jeunes générations 275
« Comment ça se fait que tu sois encore célibataire ?! » 276
Phrases de connasses 277
La femme parfaite est une vraie adulte, alors que nous... 278
Comment voulez-vous que les hommes nous comprennent ? 280
La connasse ne prend jamais parti 282
Vous avez fait des photos compromettantes 285
Le concept du « on » 286
On est des feignasses ! 288
Interdiction d'aller sur le Facebook de votre ex ! 290
Vous n'avez pas respecté l'interdiction d'aller sur le Facebook de votre ex ! 291
« Y a deux écoles... » 293
Stop aux statuts Facebook qui... 294
Internet ou comment rencontrer un psychopathe 295
Parce que la tentation est grande de se dire : « Pourquoi je ferais l'effort... » 297
Comment savoir qu'on ne vit pas dans une comédie romantique américaine 298

Le retour de la « badass » ... 300
Notre ex, cette girouette ... 302
Comment se donner une contenance ... 304
Pourquoi les femmes vont-elles à deux aux toilettes ? ... 305
On ne sait pas prendre de décision ... 307
On a peur de ne pas être invitée à la boum de Raoul… encore à notre âge ... 308
Quand ta copine t'annonce qu'elle est enceinte ... 309
Comment réussir une intervention ... 311
Le gratteur d'amitié ... 312
Si tu es désagréable, c'est que tu es quelqu'un d'important ... 313
Le frisson de la honte ... 314
Remerciements ... 317

La femme parfaite est une connasse !

Préface

Bonjour.
Je vais être directe : vous êtes très chanceuses d'avoir ce livre entre les mains, comme je suis très chanceuse d'avoir un soir rencontré les sœurs Girard.
C'était au Pranzo, un lieu de tous les possibles, la preuve : on y passait du ABBA.
Et un soir où j'y étais seule, on me tendit une main et cette main appartenait à Anne-Sophie qui me dit alors avec l'engouement d'une ado en crise : « Viens ! On fait une choré ! » Je ne connaissais pas cette fille, ni sa sœur jumelle Marie-Aldine que j'allais rencontrer l'instant d'après, mais dès lors, je ne les ai plus quittées.
Les jumelles Girard, par cet ouvrage, vont véritablement apporter quelque chose à la société. Car sous l'apparente légèreté de leur sommaire, c'est à l'essentiel que l'on touche ici. Parce que s'accepter imparfaite, c'est s'approcher de la plénitude.
C'est remercier toutes ces femmes qui ont lutté pour nos droits et prolonger leur œuvre avec audace et sincérité. C'est admettre qu'il y a parfois autant d'enjeux dans la rédaction d'un texto que dans celui d'un message de paix adressé au monde. Croyez-moi, ce livre est un premier pas vers une vie meilleure.
Et sinon, vous vous demandez peut-être qui je suis ? Personne en particulier, je suis juste une copine de Marie-Aldine et d'Anne-Sophie. Elles m'ont proposé d'écrire ce texte parce que j'étais jalouse de ne pas avoir pensé à écrire ce livre. D'ailleurs, une dernière chose qui ne s'y trouve pas, j'ai une formule magique pour vous. Si jamais ça ne va pas, si votre vie est aussi gaie que Brest sous la pluie, regardez-vous dans la glace, tendez-vous la main et dites : « Viens ! On fait une choré ! » Ça marche. Promis.

Christine Berrou

Avant-propos

Ce livre est un guide à l'usage de la femme imparfaite.

Cette femme que nous sommes toutes !

Une femme normale, avec ses défauts, ses travers et ses névroses (si, si… on peut parler de névroses !).

En effet, nous avons passé notre vie à vouloir ressembler à toutes ces femmes des magazines, celles des séries télé, des comédies romantiques ou tout simplement celles que nous croisons au quotidien et qui nous donnent le sentiment de TOUT réussir mieux que nous, qui nous font nous sentir nulles…

Et pourtant, on a fait tellement d'efforts !

Tellement de sacrifices, d'heures passées à essayer d'être meilleures… Et c'est bien là notre erreur, avoir voulu être « parfaites » !

Car sachez-le, **LA FEMME PARFAITE EST UNE CONNASSE.**

Ce livre a vocation à vous faire déculpabiliser !

Vous y trouverez ainsi des clés pour réussir votre imperfection.

(Et si ça pouvait aussi aider les hommes à mieux nous comprendre, ça ne serait pas du luxe !)

Vous ne vous reconnaîtrez peut-être pas dans tous les chapitres…

Mais vous vous reconnaîtrez, soyez-en sûres !

La femme parfaite est celle que nous ne serons jamais, et c'est tant mieux !

Règle n° 1

On arrêtera
de montrer
à notre coiffeur
la photo d'une
mannequin blonde
aux cheveux bouclés
alors qu'on est
brune aux
cheveux filasse.

La théorie du « foutu pour foutu... »

Comme chaque lundi, on se dit : « Bon, cette semaine, je fais attention ! »

Et puis ce matin au bureau, des pains au chocolat nous font de l'œil. **Et là, c'est le drame !**

Vous allez nous dire : « Un pain au chocolat c'est pas grave. » C'est vrai !

Mais c'est là que, dans notre esprit malade, se met en place la théorie du « foutu pour foutu » :

« Foutu pour foutu, je vais prendre un deuxième pain au chocolat ! »

« Je peux finir tes frites ?! Quoi ?! Ça va ! Foutu pour foutu... »

« Mince ! J'ai mis un sucre dans mon café ! Bon ben, foutu pour foutu, je vais commander un Banana Split* ! »

Dites-vous que la théorie du « foutu pour foutu » n'est pas votre ennemie ! Au contraire, elle vous aide à craquer de temps à autre sans trop culpabiliser. Et n'est-ce pas ça le plus important ?

* Cf. chapitre « On est toutes des boulimiques ! », p. 40.

La théorie du « foutu pour foutu » est déclinable à souhait

« Je vais arriver avec une heure de retard au travail...

Foutu pour foutu, je prends ma journée. »

« Je ne suis pas allée à la salle de sport cette semaine...

Foutu pour foutu, je ne vais plus y aller de l'année. »

« J'ai acheté une robe alors que j'ai pas de thunes...

Foutu pour foutu, je vais m'acheter des chaussures et le sac qui va avec. »

« J'ai regardé sur le téléphone de mon mec de qui était l'appel en absence...

Foutu pour foutu, je vais lire tous ses textos. »

« Je me suis cassé un ongle...

Foutu pour foutu, je vais me ronger tous les autres. »

« J'ai embrassé ce garçon...

Foutu pour foutu, je vais coucher avec lui. »

« Je viens de tirer une latte sur une cigarette...

Foutu pour foutu, je vais finir le paquet. »

« J'ai mis un texto pourri à ce garçon, il va me prendre pour une psychopathe...

Foutu pour foutu, je vais aussi lui laisser un message sur son répondeur et coller un Post-it sur sa porte d'entrée. »

« J'ai fait une télé-réalité...

Foutu pour foutu, je vais aussi poser à poil en couverture d'*Entrevue*. »

Jurisprudence de la frange

La vie d'une femme est rythmée par différentes étapes et le passage à l'âge adulte est le résultat de plusieurs rites initiatiques.

Le plus célèbre d'entre eux est connu sous le nom de :

« RITE DE LA FRANGE »

Étape n° 1 :

Découvrir dans un magazine que Kate Moss s'est fait une frange.

Étape n° 2 :

Se munir de ciseaux et se diriger vers la salle de bains.

Étape n° 3 :

Couper soi-même sa frange.

Étape n° 4 :

Pleurer en découvrant le résultat.

Étape n° 5 :

Engueuler son mec / sa sœur / sa meilleure amie : « Comment est-ce que vous avez pu me laisser faire ça ! »

Étape n° 6 :

En faire un statut Facebook.

Note des auteurs :
Une urgence capillaire est classée « Urgence catégorie 1 ».

Règle n° 2

On ne fera plus croire qu'on est enceinte, juste pour avoir une place assise dans le bus.

Liste des chansons honteuses, mais qu'on aime quand même* !

- *Wannabe*, Spice Girls
- *Femme libérée*, Cookie Dingler
- *Dieu m'a donné la foi*, Ophélie Winter
- *Quand tu m'aimes*, Herbert Léonard
- *Fame*, Irene Cara
- *Je te survivrai*, Jean-Pierre François
- *La bonne franquette*, Herbert Pagani
- *Baby one more time*, Britney Spears
- *Toutes les femmes de ta vie*, L5
- *Le coup de soleil*, Richard Cocciante
- *The time of my life*, Dirty Dancing
- *Les brunes comptent pas pour des prunes*, Lio
- *Pour que tu m'aimes encore*, Céline Dion
- *Femme like you*, Kamaro
- *Tell me more*, Grease

Et la plus célèbre d'entre elles :

- *Tu m'oublieras*, Larusso

* Liste non exhaustive qui a suscité un débat houleux entre les auteurs. L'histoire jugera...

Règles à suivre lorsqu'on entend une de ces chansons

- Hurler : « J'adore cette chanson ! »
- **Lever le bras en criant : *« Wooo !! »***
- Monter sur une chaise / table / podium.
- **Appeler sa meilleure amie pour lui faire écouter en lui disant : *« Haaaaaaaa !!! Tu reconnais cette chanson* ??!... »***
- Se tenir par la main en sautant frénétiquement.
- **Chanter très fort la fin des paroles de la chanson.**
- En faire un statut Facebook : *« Hhhaaaaa !! Viens d'entendre [titre de la chanson]. Trop coooooool !!! »*
- **Devant un miroir, se lancer dans un playback.**
- Aller voir le DJ pour lui dire qu'il assure trooooop !!!
- **Sauter dans les bras de sa meilleure copine, émue, parce que c'est « notre chanson ».**
- Entamer « notre fameuse choré » (préalablement répétée dans le salon d'une copine, qui inclut un « passage au sol » et/ou toute forme de « porté »).

* Une étude dont les résultats sont restés confidentiels révèle que « personne n'a jamais reconnu CETTE chanson ! ».

Le pot de départ de Michel

On a tous un collègue, que nous appellerons ici Michel (parce que c'est tout à fait un prénom de collègue ; d'ailleurs ne dit-on pas : « Tiens, je te présente mon collègue Michel » ?).

Eh bien, notre bon Michel prend enfin sa retraite...

Trucs et astuces pour son pot de départ :

- Faire la collecte soi-même, comme ça, personne ne saura que vous n'avez pas participé.
- Prendre les 30 euros de Sandrine, rajouter 5 euros et donner les 35 euros en disant : « C'est de la part de Sandrine et moi. »

Dans le même esprit :

- Pensez à faire des cadeaux d'anniversaire uniquement aux personnes susceptibles de vous en faire en retour.
- Au moment de l'addition au restaurant, prenez l'initiative de collecter l'argent des autres car si vous avez de la chance, avec les pourboires et ceux qui arrondissent, ça pourrait payer votre part !

Soyez vigilante ! Avec ceux qui oublient de payer le vin et les cafés, vous risquez de devoir payer beaucoup plus que prévu...

Comment savoir qu'on est «trop vieille pour ces conneries» ?

Parce que nos soirées ne ressemblent plus à ça :

- Faire la fête le vendredi ET le samedi.
- **S'habiller comme une «professionnelle*» pour sortir en boîte.**
- Faire un mélange «Whisky Coca» dans une bouteille en plastique, «pour la route».
- **Faire l'apéro sur le parking de la boîte de nuit.**
- Mourir de froid pour ne pas avoir à payer le vestiaire.
- **Assister à un concert de rap «dans la fosse».**
- Assister à un concert de rap (tout court).
- **Monter sur le bar en boîte.**
- Faire un concours de bière.
- **Boire une 8,6° ou toute autre bière peu onéreuse (et tiède de préférence).**
- Finir les verres des autres dans un bar parce qu'on n'a pas de quoi s'offrir une téquila Paf.
- **Tomber amoureuse d'un G.O.**
- Attendre 5h30 du matin et les premiers bus pour rentrer chez soi.
- **Se faire une «boulimie» en rentrant de soirée (sans prendre un gramme).**
- Dormir par terre chez un pote.
- **Dormir dans la voiture.**
- Faire «nuit blanche».

* Professionnelle = pute

Le barème Silverdrake

Il existe une hiérarchie dans le genre humain.

Un barème très simple a donc été mis au point afin de se situer et de situer l'autre sur cette échelle (qui est graduée de 1 à 10).

Si on ne parvient pas à dater précisément la création de ce barème, on retrouve des traces de son existence jusque dans la deuxième partie de l'ère glacière.

Un peu d'histoire...

On retrouve parfois ce barème sous le nom de « *Barème Silverdrake* » ou « *Jurisprudence Silverdrake* ».

Selon la légende, Bobby Silverdrake, un jeune fermier du Minnesota, dépourvu de charme naturel (un « 5 »), épousa la belle Kelly Newman (un « 9 », élue reine du bal de promo 1961).

En effet, lors de l'été 1962 (un été caniculaire), Bobby sauva la vie de "Piggy", le cochon des Newman, alors que celui-ci se noyait dans la mare...

Aux yeux de tous, Bobby était devenu un héros ! Un « 8 » était né !

Personne ne peut dire si cette légende est vraie, mais toujours est-il que l'espoir était né pour tous les « 5 » du monde.

- **Comportez-vous toujours comme le chiffre que vous visez et non pas comme celui que vous étes censée être. Si vous êtes un 6, comportez-vous comme un 7 !**
- **Mais ne perdez jamais de vue que rien n'est gravé dans la pierre et que votre note évolue constamment ! Souvenez-vous de Bobby Silverdrake...**

Quel chiffre êtes-vous sur une échelle de 1 à 10 ?

Il est toujours très difficile de se juger. Alors pour vous aider à vous attribuer une note, n'hésitez pas à demander l'avis de votre entourage :

« Si tu devais me donner une note sur 10, combien tu me mettrais ? »*

Comment calculer ?

Note que l'on s'attribue

+ Note que votre entourage vous attribue

Divisé par 2

=

Note réelle

Quelques règles de base :

- Un 6 peut sortir avec un 5 ou +.
- Si un 6 sort avec un 8, il devient automatiquement un 7 (moyenne de notre note et de celle de notre conjoint).
- La réciproque est vraie : un 9 qui sort avec un 7 devient automatiquement un 8.
- Un bon 5 vaut parfois mieux qu'un mauvais 6.
- Un 6 peut facilement devenir un 7 sous un bon éclairage (et inversement).

* Attention, la réponse peut être très violente pour quelqu'un qui n'est pas préparé ! Apprendre que nos amis nous voient comme un 2 alors qu'on pensait être un 8 peut être très traumatisant.

La femme parfaite sait recevoir

Quand elle reçoit, la femme parfaite cuisine toute la journée. Elle met les petits plats dans les grands et son intérieur semble tout droit sorti de Wisteria Lane.

À l'inverse, quand on reçoit, on ne cesse de répéter : « Faites pas gaffe au bordel ! »

D'ailleurs, on n'a jamais deux verres identiques (il faut choisir entre Goldorak et Boule et Bill), et on n'a rien prévu à manger parce que « Manger, c'est tricher ! ».

Et même si on appelle ça « à la bonne franquette », ne perdons pas de vue que la femme parfaite est là pour nous juger !

Phrases de connasses

« C'est sympa les petits appartements ! Tu vois, par rapport à mon loft, c'est plus cosy ! »

C'est surtout moins cher !

« Oh, je vois que tu as apporté du champagne ! Du vin mousseux ? Oui, ben c'est l'intention qui compte... »

Si j'avais su, je serais venue avec une bouteille de villageoise.

« Mais, tu plaisantes ! C'est largement suffisant du surimi ! J'aime bien manger léger le soir. »

Oui, la femme parfaite est polie.

« Je soupçonne Véronique de ne pas avoir fait son tarama elle-même. Je lui enlève donc deux points ! »

Oui, la femme parfaite oublie souvent qu'elle n'est pas dans l'émission « Un dîner presque parfait ».

« J'ai fait poser du lino, ça t'embête d'utiliser les patins ? »

No comment.

Règle n° 3

On détestera la nouvelle petite amie de l'ex de notre meilleure amie, toujours !!

Des vacances pourries...

Nous avons tous l'impression que les autres passent des vacances géniales, dans des endroits paradisiaques, avec des gens super.

FAUX !

Tout le monde a passé, passe ou passera un jour
« DES VACANCES DE MERDE »

Exemples :

- Stage d'initiation au rire
- Trekking dans le Lot
- Partage d'un bungalow avec notre collègue Michel (Cf. p. 32)
- Center Park en solitaire
- Visite des gorges du Tarn sous la pluie
- 3 jours dans un relais routier
- Circuit : visite de Roubaix et de sa zone industrielle

Phrases de connasses :

« Je pense que si tu ne dors pas chez l'habitant, tu n'as pas vraiment vu le pays. »

« C'est marrant, t'as pas bronzé ! »

« Tu es allée en Thaïlande un mois et tu ne parles pas couramment thaïlandais ?! »

On est toutes des boulimiques !

Lors d'un régime, « la bête » qui sommeille en nous est capable de sortir dans le froid, en pyjama, et de faire un kilomètre à pied en quête d'un morceau de fromage ou d'une tablette de chocolat.

Sachant cela, vous jetez la fin du gâteau au chocolat pour éviter de grignoter.

ERREUR !

Le jeter à la poubelle ne suffit pas. Vous devez impérativement sortir la poubelle !

Combien de nos sœurs de régime sont allées jusqu'à récupérer le gâteau au fond de la poubelle !!

N.B. : Vous avez la possibilité de mettre de l'eau de Javel sur ladite tentation, ce qui la rendra impropre à la consommation. (À l'instar du personnage de Miranda dans un épisode de *Sex and the City*, qui déverse du liquide vaisselle sur un gâteau au chocolat.)

La théorie du pot de cacahuètes

Lors de l'apéritif, le pot de cacahuètes doit impérativement être disposé à une distance de plus de 80 cm, afin d'éviter toute tentation !

Plan de table

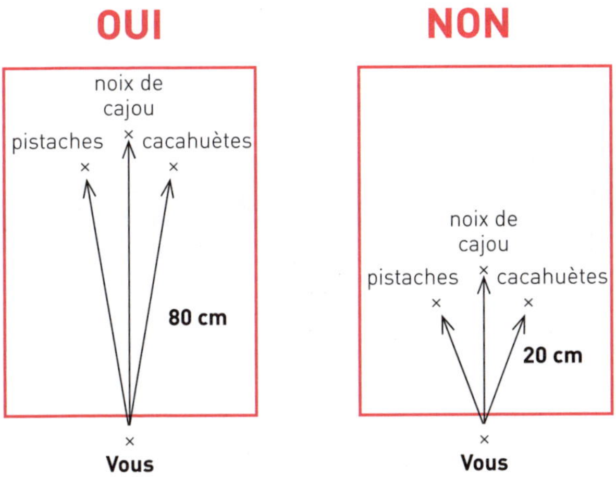

De la même façon, au restaurant, refusez catégoriquement la carte des desserts, même si c'est « juste pour jeter un œil » !!

Règle n° 4

On ne dira jamais
en public :
« Je trouve qu'il est sexy,
Bob l'éponge ! »

Cette vendeuse est une connasse !

- Quand on demande une taille 40 et qu'elle ose répondre : ***« Han nan, désolée, les grandes tailles sont parties tout de suite. »***
- Quand cette vendeuse, habillée comme un sac, ose nous dire, en parlant d'un manteau sur lequel on a craqué : ***« Je me suis pris le même ! »***
- Quand elle nous dit : ***« Il ne reste plus que les tailles 32 ou 34. »***
- Quand elle nous annonce que la promotion n'est plus valide depuis ce matin.
- Quand elle refuse de reprendre un article parce qu'on a coupé l'étiquette.
- Quand elle nous regarde avec un air de défi lorsqu'elle nous annonce que ***« la version cuir est beaucoup plus chère ».***
- Quand elle nous ferme la porte au nez, alors qu'on vient de traverser la ville en courant, parce que ***« 19h c'est 19h ! ».***
- Quand elle nous fait bien comprendre qu'on n'est pas à notre place dans une boutique de luxe*.
- Quand on demande en pointure 41 et qu'elle nous dit : ***« Han nan, désolée, il s'agit d'un modèle pour femme. »***
- Quand elle est canon dans l'article qu'on vient d'essayer et dans lequel on ressemble à René la taupe.

Dans ces cas-là, on se dit que cette vendeuse, C'EST VRAIMENT UNE CONNASSE !

* Cf. Jurisprudence *Pretty Woman*.

Photographie : les figures imposées

Lors d'une prise de vue, il existe certaines « figures » que nous maîtrisons toutes ; il est bon cependant d'effectuer un petit rappel :

Les conseillées :

- Le clin d'œil
- Le bras en l'air
- Le bisou

Les interdites :

- Le pouce levé
- Le V de la victoire
- Les oreilles de lapin
- Tout geste grossier ou à connotation sexuelle

L'harmonie d'une photo de groupe tient à l'homogénéité d'un groupe, alors :

PAS D'INITIATIVE PERSONNELLE !

- Pensez à vous mettre tous d'accord en amont. Une grimace ridicule sur une photo de groupe « glamour » et c'est le drame !
- Ne posez jamais sur une photo de groupe en maillot de bain s'il n'y a pas au moins une fille plus ronde que vous !
- Lors de la validation de la photo par le groupe, pensez à regarder aussi les autres ! Il est très mal venu de s'exclamer : « Elle est super !! » alors que vous êtes la seule à ne pas fermer les yeux.

Comment être toujours canon sur les photos ?

Il existe d'autres techniques moins connues mais que la femme parfaite, elle, maîtrise à merveille :

La « Mariah Carey »

La technique dite « Mariah Carey » est aussi appelée la « technique du bras ».
Quand vous posez devant un objectif, placez impérativement votre main sur la hanche, le coude vers l'arrière.
Ainsi, votre bras paraîtra beaucoup plus fin.

La « Karl Lagerfeld »

La technique dite « Karl Lagerfeld » est celle qui consiste à coller sa langue au palais lors de la prise de vue. Le résultat est discret, mais il permet d'éviter l'effet « double menton ».

La « cuisse écrasée »

Enfin, la « cuisse écrasée » porte bien son nom puisqu'elle consiste à éviter d'avoir les cuisses écrasées sur les photos (quand on est assise), en surélevant légèrement la jambe.

N.B. Vous conviendrez qu'en rendant publiques ces précieuses indications, les auteurs font preuve d'un immense acte de générosité, mais aussi de confiance.

Alors soyez-en dignes !

Comment savoir qu'on a une vie de merde ?

- On mange seule devant un miroir.
- **On fête l'anniversaire de son chat.**
- On a eu un seul texto pour le Nouvel An, celui de notre opérateur téléphonique.
- **On connaît tous les noms des préfectures et sous-préfectures de France.**
- Notre seul pote sur MySpace, c'est TOM.
- **On est encore sur MySpace.**
- On est super contente quand « Motus » commence.
- **On a noté sur notre agenda : « Dimanche : décongeler le freezer ».**
- On a la collection des « pin's parlants » TF1.
- **On a une peluche Footix accrochée à son rétroviseur.**
- On a acheté l'intégrale de la série *Walker, Texas Ranger*.
- **On s'entraîne pour battre un record (n'importe lequel).**
- Les enfants du quartier nous appellent « La folle aux chats ».
- **Notre fille nous appelle « Madame » en public.**
- Notre chien marche toujours 3 mètres derrière nous.
- **Notre collègue depuis 6 ans nous a demandé : « Vous travaillez ici ? »**

Règle n° 5

On ne portera jamais de manteau blanc. (Vous rigolez ?! Même en portant du noir, on arrive à dégueulasser les manches !)

Comment garder sa dignité quand on est complètement bourrée ?

Combien de soirées arrosées, d'apéros, d'anniversaires où, sans trop s'en apercevoir, vous avez basculé « de l'autre côté » ? Vous devez vous rendre à l'évidence :

VOUS ÊTES COMPLÈTEMENT BOURRÉE !

Règle n° 1 :

Évitez de parler trop près des gens ou de leur souffler au visage...

Règle n° 2 :

Votre sens de l'équilibre étant mis à mal, n'oubliez pas que tout accessoire de maintien est susceptible d'être utilisé : bar, mur, videur...

Règle n° 3 :

Évitez de répéter : « J'chuis bourrée !! Hey ! Hey ! Je suis trop bourrée ! »

(Dites-vous que ce n'est pas la peine de le dire, ça se voit !)

Les différentes étapes d'une soirée arrosée

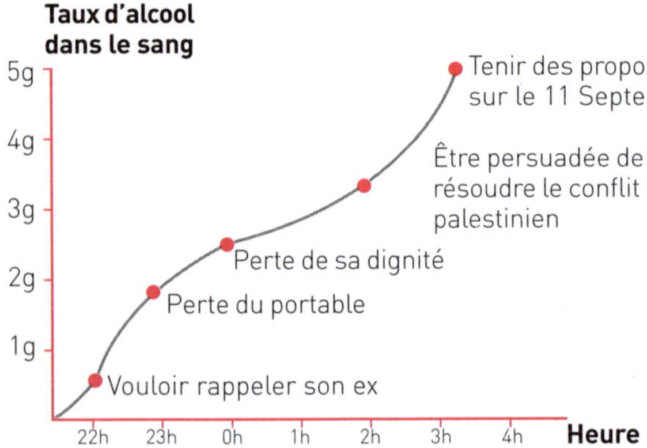

TEST : Alcool.
Quelle buveuse êtes-vous ?

(Test réservé aux gens qui boivent*)

Vous buvez de l'alcool :

A. Uniquement le soir de la Saint-Sylvestre

B. Parfois le week-end

C. Uniquement les jours finissant par un *i*

Vous commandez :

A. Un kir framboise

B. Un TGV : Tequila, Gin, Vodka

C. Peu importe, de toute façon vous êtes déjà bourrée

Il vous arrive :

A. D'être pompette

B. D'être saoule

C. De vous réveiller seule, dans une chambre de motel sordide, avec un tee-shirt sur lequel est écrit : « *Welcome in Minnesota* »

Résultat : Peu importe, c'était juste pour faire un test. C'était aussi l'occasion pour nous de placer le mot « pompette » et « Minnesota » dans ce livre.

* Comme une grande partie du contenu de ce livre.

Je suis balaaaadeeee !

Belle, fraîche, le bout du nez à peine rouge... Quand elle est malade, la femme parfaite sait rester digne. On l'imagine dans son joli pyjama avec ses grosses chaussettes en laine, se soignant exclusivement de tisanes.

Nous, nez en patate, yeux de teckel atteint de myxomatose et cet air sur le visage qui semble dire : « Achevez-moi ! »

On est balaaaaade et ça se voit !

Une hypocondriaque sommeille en chacune de nous.

« Quoi ?! Bien sûr que ça existe un cancer du coude !! »

« Pour Noël, je vais m'offrir une IRM. »

« On va encore dire que j'en fais trop mais je reste persuadée d'avoir fait une rupture d'anévrisme hier. »

Règle n° 6

On ne commencera plus nos phrases par : « Alors, j'étais complètement bourrée et... »

Des chaussures pour rester assises

On aime, on adooore les chaussures à talons !

Le problème, c'est que ce n'est pas réciproque !

Mais comment les femmes parfaites font-elles pour garder leurs talons toute la soirée ? Alors que nous, au bout de 2 heures, nos orteils ressemblent à des petites saucisses cocktail...

« Je m'y sens comme dans des pantoufles ! »

MENTEUSES !

On balance !

- Même les Louboutins font mal aux pieds !
- On ne nous fera pas croire que Victoria Beckham n'a pas les pieds pourris, déformés à force de porter des talons de 12 cm (oignons, œil-de-perdrix...).
- Les filles qui sont à l'aise avec des hauts talons mesurent obligatoirement moins d'1,60 m*!

* Toutes les femmes qui mesurent entre 1,55 m et 1,59 m mais qui ont noté 1,60 m sur leur carte d'identité.

Mais qui peut encore supporter des talons à 3 heures du matin ?

Plus la soirée passe, plus il devient impossible de tenir sur des talons hauts !

Qui sont ces femmes qui les gardent jusqu'au bout de la nuit ?

Schéma scientifique : les talons

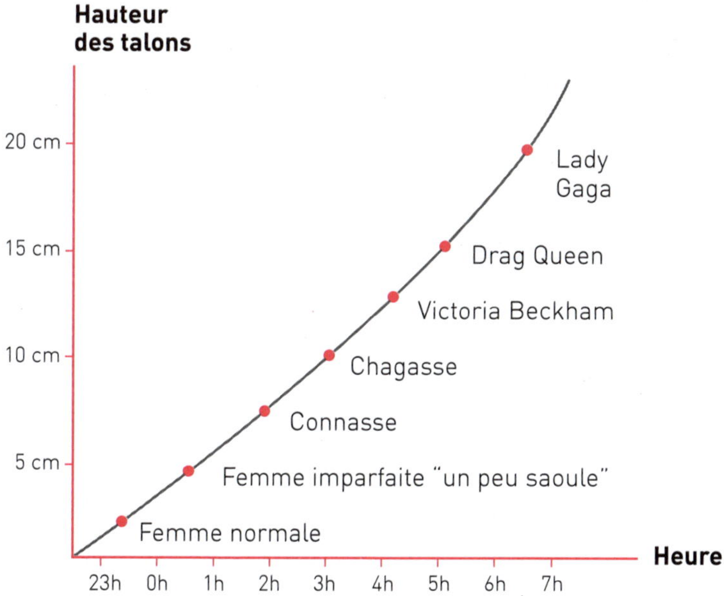

Jalousie entre filles

Être jalouses entre copines, c'est humain.

On ne va pas se mentir... **Si vous n'avez jamais été jalouse, ce n'est pas normal, et si vous l'êtes, rassurez-vous, une autre l'est aussi de vous...**

- Qui n'a pas été contente de constater, en revenant de vacances, que sa copine était beaucoup moins bronzée qu'elle ?
- Qui ne s'est jamais mise au régime parce que sa copine avait réussi à perdre 5 kilos ?
- Quelle fille célibataire ne s'est pas dit, alors qu'une copine venait de rompre : « Enfin, une autre célibataire avec qui sortir ! »
- Qui n'a pas été fière d'être préférée par un garçon à sa copine ?
- Qui n'a jamais étouffé un rictus en apprenant qu'une copine avait grossi de 3 kilos ?
- Qui n'a jamais dit à sa copine qu'elle était trop belle dans cette robe, alors qu'elle ressemblait à un petit goret ?

Si vous avez répondu *« Moi ! »* à toutes ces questions, soit vous êtes une menteuse, soit vous êtes une « connasse »... Et franchement on ne sait pas ce qui est le pire !

Comment choisir sa photo de profil sur Facebook ?

Gardez à l'esprit qu'il s'agit de la première image que les gens que vous n'avez pas vus depuis 15 ans auront de vous. Son choix est donc hautement stratégique*.

Privilégiez un portrait faussement mystérieux et passablement sexy et qui semble signifier :

« Regarde-moi, le monde ! Je suis une femme libre et épanouie ! »

Photos à éviter :

- Une photo en maillot, ce qui équivaut à avoir écrit sur votre front : « Fille de petite vertu ».
- Une photo avec son mec, sauf si c'est vraiment un canon !
- Une photo avec son chat, surtout si celui-ci est mort...

Pensez à ne pas mettre une photo « trop canon » de vous, il faut que ça reste crédible ! Vous éviterez alors toute déception lors d'une future rencontre.

* Cf. chapitre « Comment être toujours canon sur les photos ? », p. 45.

Quand elles chantent en anglais, elles connaissent les paroles, elles !

Que celle qui n'a jamais scandé *« Fust awat afraidawil prétufried* ! »* nous jette la première pierre !

Alors oui, c'est vrai qu'on chante « en yaourt » mais l'important n'est-il pas de connaître la fin de la phrase ?**

« Lalalala... I was petrified...

lalalalalalalala... By my side... »

Il est primordial de prendre un air convaincu et inspiré !

Ne doutez jamais ! Lancez-vous et ne perdez pas de vue qu'il y a de fortes chances pour que les gens autour de vous ne connaissent pas les paroles non plus.

Évitez de le faire dans des pays anglophones, vous serez tout de suite repérée et ça peut être très humiliant pour vous ou pour votre entourage.

* Pardon, Gloria Gaynor.

** D'après M. Wikipédia : « Chanter en yaourt est une technique qui consiste à chanter en produisant des sons, des onomatopées, des syllabes qui font penser qu'il s'agit d'une langue réelle. »

Nous, même en français, on a du mal

Quand on chante, les paroles restent parfois très approximatives.

Ainsi :

La Salsa du Démon est devenue ***La Salsa Di lebo.***

Esteban, Zia, Tao, les cités d'or est devenu ***Esteban cria : Whaou ! Les cités d'or !***

Lalala... Je vais à Rio est devenu ***Lalala... Je baise en riant.***

C'est mon fils, ma bataille est devenu ***C'est mon fils, Mamataye*** *(ce serait le nom du fils « Mamataye » ?).*

Parfois, ignorer ce que l'on chante peut avoir des avantages, car la traduction de certaines chansons peut engendrer des déceptions.

SEX MACHINE / James Brown

« Get up, Get on up, Get up, Get on up, Stay on the scene, Get on up, like a sex machine, Get on up. »

« Lève-toi, monte dessus, Lève-toi, monte dessus, Va sur la scène, monte dessus, comme une machine à sexe, monte dessus. »

Le jean test

On a toutes dans notre placard un jean de référence.

Un jean qu'on réessaye de temps en temps pour vérifier qu'on n'a pas trop grossi et qu'on appelle sobrement :

« Le jean test* »

Quelle joie intense ! Quelle victoire lorsqu'on arrive à fermer notre vieux 501 !!

Mais parfois le test échoue et là, c'est le drame !

Parce que, soyons honnête, la dernière fois qu'on a pu le porter en public, on sortait d'une gastro.

Phrases à se répéter pour se remonter le moral en cas d'échec :

« C'est normal ! C'est l'été, avec la chaleur on fait de la rétention d'eau. »

Ou, selon la saison :

« C'est normal, on a toujours 3 kilos en trop l'hiver. »

Et si jamais vous n'arrivez même pas à y rentrer une cuisse, dites-vous que :

« On s'en fout ! D'ailleurs plus personne ne porte de 501 aujourd'hui !! »

* Est considéré comme « jean test » tout jean que nous avons porté au moins une fois. Est donc exclu le jean qu'on achète pour « quand on aura perdu nos 3 kilos » !

Règle n° 7

On ne dira plus :
« Je suis tendue comme un string ! »

Je suis une princesse et une princesse, ça fait pas caca

CENSURÉ PAR L'ÉDITEUR*

* Pour les plus déçues, vous pouvez vous référer au chapitre intitulé « Qui c'est qu'a pété ?! », p. 100.

Comment réagir devant un bébé laid ?

Contrairement à l'idée communément répandue, tous les enfants ne sont pas beaux. Certains sont même franchement moches !

Alors un conseil, évitez de trop en dire !

Exemple :
Arrêtez-vous là : *« Qu'il est souriant ! »*
N'ajoutez pas : **« Mais c'est normal tous ces poils ? »**

« Alors là, impossible de dire s'il ressemble à son père ou à sa mère. »

« Ça y est, j'ai trouvé. À rien ! Il ressemble à rien ! »

« En tout cas, le personnel hospitalier à l'air très bien. »

« Avec un peu de chance, ils l'ont échangé et vous allez bientôt retrouver le vôtre. »

« Il est… chou. »

« L'important c'est qu'il soit beau une fois adulte. »

« Il est… éveillé. »

« Parce qu'il va devoir développer d'autres qualités… comme l'humour, par exemple. »

Elles réussissent à ne pas faire mourir leurs plantes vertes

... Alors que nous n'avons toujours pas compris s'il fallait ou pas arroser un cactus*.
La femme parfaite, elle, a la main verte !

Il est vrai que nous sommes capables d'acheter du basilic le 1er mai en croyant que c'est du muguet... mais nous avons compris que choisir de belles plantes en plastique pouvait amplement suffire.

Petit message personnel destiné au fleuriste de la rue Chaptal, à Montpellier :

« Cette plante ne nécessite que très peu d'entretien » est un mensonge éhonté !!

Ou alors :

Si une plante ne nécessite que très peu d'entretien, c'est parce qu'elle meurt très vite !

* D'ailleurs, ce n'est pas dans ce livre que vous trouverez la réponse à cette question.

Règle n° 8

On ne dira jamais en public : « C'est drôlement confortable des Crocs ! »

Les hontes inavouées

Ce livre a pour vocation, vous l'aurez compris, de nous faire déculpabiliser !

Car non, vous n'êtes pas les seules à :

- **Ne pas s'épiler les jambes,** lors d'un premier rendez-vous, pour ne pas céder à la tentation.
- **Se remaquiller légèrement** (après s'être démaquillées) avant de se mettre au lit avec son chéri. (Première semaine de relation, bien sûr !)
- **Porter plainte** pour vol de scooter parce qu'on ne se rappelle plus où on l'a garé.

Dans la liste des hontes inavouées, on trouve une sous-catégorie qu'on appellera « erreurs de jeunesse » :

- **Prise de risque capillaire** (couleur de cheveux, coupes, permanentes, etc.)
- **Sourcils rasés** pour faire rappeur (période « Kriss Kross »)
- **Tatouage artisanal** (à l'aide d'un compas et d'une cartouche d'encre)
- **Tout quitter** pour suivre la tournée des World's Appart
- **Oreille percée** (ou autre partie de notre anatomie) avec une aiguille et un glaçon
- **Menace de suicide** lors de la mort de Kurt Cobain (« *Je veux rejoindre Kurt !!* »)

Vos hontes inavouées (à remplir soi-même)

Vos hontes inavouées

- ....
- ....
- ....
- ....
- ....
- ....
- ....
- ....
- ....

Erreurs de jeunesse

- ....
- ....
- ....
- ....
- ....
- ....
- ....
- ....
- ....
- ....

La théorie du « vernis écaillé »

Un des mystères de l'univers réside dans le fait que la femme parfaite a TOUJOURS un vernis à ongle IMPECCABLE.

Comment est-ce possible ?

Comment fait-elle ?

(Alors que nous, on a l'impression de le poser déjà écaillé !)

Témoignages :

Laure : ***« Une fois, j'avais tellement honte de l'état de mes ongles que j'ai dit à mes collègues que c'était ma fille de 7 ans qui m'avait posé le vernis. »***

Prunes : ***« Moi, je me peins les doigts et je passe du dissolvant tout autour de l'ongle pour enlever le surplus. »***

Phrases de connasses :

« Excuse-moi pour mon vernis, j'ai honte ! Ça fait tellement négligée ! »

On ne voit même pas de quoi elle parle.

« J'ai un souci avec l'ongle de mon index gauche, il faut absolument que je passe chez la manucure cette semaine. »

Mais pourquoi ? Coupe-le avec les dents !

« J'ai une amie prothésiste ongulaire, si je lui passe un coup de fil, elle pourra peut-être te prendre en urgence entre deux patients ! »

No comment.

Comment se comporter avec la nouvelle femme de son ex ?

Les auteurs s'excusent, elles n'ont toujours pas trouvé de réponse à cette question.

ALORS, FAITES COMME VOUS POUVEZ* !!

* De toute façon, quoi que vous fassiez, vous ne l'aimerez pas, elle ne vous aimera pas.

Chagasse / Pas chagasse

Chagasse : Nom féminin désignant une fille ayant pour vocation d'inspirer le sexe.

Les hommes en sont très friands même s'ils ne l'avouent pas en public et préfèrent déclarer les trouver « vulgaires ».

Note des auteurs : Il est permis d'emprunter quelques accessoires à la chagasse (surtout en période estivale) mais ceci doit être fait avec parcimonie.

Chaque région de France possède sa propre chagasse. Elles portent des noms différents selon leur origine géographique, par exemple :

Région Paca : **la cagolle**

Région Languedoc : **la piche / la pichette**

Région Nord : **la tchiotte nénette**

Ne négligez pas la chagasse qui est en vous, elle pourrait un jour s'avérer très utile !

Quelle chagasse êtes-vous ?

Cochez les cases ci-dessous, si :

- ☐ Vous avez une french manucure.
- ☐ Vous avez de faux seins.
- ☐ Vous avez un chien de moins de 50 cm.
- ☐ Vous avez une jupe de moins de 50 cm.
- ☐ Vous avez un tatouage en bas des reins.
- ☐ Vous avez une toute petite voiture.
- ☐ Vous avez un diamant sur le nombril / ongle / dent.
- ☐ Vous avez un mec stripteaseur.
- ☐ Vous avez des rajouts capillaires... Et ça se voit !
- ☐ Vous trouvez Pamela Anderson « très distinguée » !
- ☐ Vous fumez des cigarettes Vogue.
- ☐ Vous savez vous servir d'une barre de « pole dance ».
- ☐ Vous mettez du contour à lèvres foncé avec un rouge à lèvres clair.
- ☐ Vous pensez que « bonne » est un compliment dans la bouche d'un garçon.
- ☐ Vous avez changé votre prénom pour un prénom finissant par un A ou à consonance américaine.
- ☐ Vous avez fait / voulu faire une télé-réalité.

Résultat :

- Vous avez coché plus de 6 cases : **vous êtes du Sud.**
- Vous avez coché plus de 10 cases : **vous êtes américaine.**
- Vous avez coché plus de 12 cases : **vous êtes Pamela Anderson.**

Nuit gravement à la santé

La femme parfaite ne fume pas et nous ne pouvons que l'en féliciter !

Mais pourquoi se sent-elle investie de la mission d'empêcher les autres de le faire ?

Phrases de connasses :

« C'est très mauvais pour la santé tu sais ? »

« Hum hum hum » *(toux de connasse)*

« Tu as essayé l'hypnose ? »

« Tu as conscience que, quelque part, tu es dans l'autodestruction... »

Geste de connasse :

Ce geste consiste à repousser négligemment la fumée de votre cigarette, avec un air outrancier de gêne, voire de dégoût.

> D'ailleurs, lorsqu'elle reçoit, la femme parfaite interdit la cigarette à ses convives.
>
> Par conséquent, même si la fête était top, les invités ne parleront de la soirée qu'en ces termes : « C'était nul, on ne pouvait même pas fumer ! »

Règle n° 9

On évitera de crier :
« Mais c'est de la vodka !
Ça tache pas ! »

Liste des choses interdites en discothèque

- Utiliser le terme **« discothèque ».**
- Monter sur le bar *(réservé aux –20 ans).*
- Monter sur le podium *(réservé aux –30 ans).*
- Monter sur une banquette *(réservé aux –40 ans).*
- Embrasser goulûment un mec *(réservé aux –20 ans).*
- Embrasser goulûment le DJ *(réservé aux –30 ans).*
- Embrasser goulûment le videur *(réservé aux –40 ans).*
- S'asseoir sur la lunette des toilettes.
- Demander à ce qu'on baisse un peu le son.
- Sortir un bon bouquin.
- Aller féliciter le **« disque jockey »** pour son excellente sélection.
- Demander au videur de **« jeter un coup d'œil sur sa Punto, elle est garée juste à l'angle ».**
- Sortir des toilettes en criant : **« N'entrez pas, j'ai vomi ! »**
- Sortir des toilettes en criant : **« N'entrez pas, j'ai fait caca ! »**

C'est moi qui l'ai fait !

La femme parfaite cuisine !

Mais elle cuisine vraiment... Par exemple, elle fait ses nems elle-même !

Alors la première question qu'on est en droit de se poser est :

« Pourquoi ?! »

C'est vrai, ça fait limite radin. Pourquoi fait-elle des nems ? Qu'elle les achète ! C'est mieux !

Témoignage :

Lucile : ***« Moi j'ai fait réchauffer une tortilla sous vide une fois... J'étais tellement émue que j'ai pris une photo pour l'envoyer à la famille. Chez ma grand-mère, sur la cheminée, il y a une photo de moi à côté d'une tortilla. »***

Phrases de connasses :

« Pour le dessert, j'avais pensé à une crème pâtissière agrémentée d'une gousse de vanille. »

Ouais, une Danette quoi !

« Je fais ma charcuterie moi-même. »

???

« Je peux te faire un Parmentier de cailles sur le pouce. »

Alors, rappelez-nous la définition de « sur le pouce ».

« Ce n'est vraiment pas compliqué, il suffit de suivre la recette. »

No comment.

La théorie de la Scarlett Johansson

Il existe une théorie dite de la Scarlett Johansson*.

Ou comment un petit cochon a fait croire au monde entier qu'elle était une bombe sexuelle ! En se comportant comme telle.

Nous avons conscience que nous dévoilons ici une des plus grosses escroqueries de l'histoire.

Finalement, elle n'a rien d'exceptionnel, la Scarlett ! Elle a des formes, de la cellulite... (Comme nous quoi !) Soyons honnêtes, les hommes ne se retourneraient pas sur elle s'ils la croisaient dans la rue.

Et pourtant, en se comportant comme un objet de fantasme, elle l'est devenue pour la plupart des hommes.

> La leçon à en tirer est simple :
> **SI VOUS VOUS COMPORTEZ COMME UN CANON, ON VOUS VERRA COMME UN CANON !**
> (Et inversement...)

* Théorie inventée par les auteurs.

Règle n° 10

On arrêtera d'acheter des chaussures en 38 alors qu'on chausse du 40 (même si elles sont en solde).

C'est pas au vieux singe qu'on apprend à faire la pluie

La femme parfaite maîtrise remarquablement bien la langue française et se permet donc de nous reprendre.

« On ne dit pas "Par contre", on dit "En revanche". »

Elle nous reprend également sur notre orthographe.

(Affront classé n° 1 dans la liste des affronts.)

Eh bien, à notre tour de la reprendre. (Oui, on est un peu pestes.)

Nous avons décidé de lever le voile sur l'une des plus grandes interrogations de notre siècle :

> **Doit-on dire « EN Avignon » ou « À Avignon » ?**
> On apprend sur le site Avignon.fr :
> *« La formule "en Avignon", si elle permet d'éviter un hiatus quelque peu dissonant, est toutefois incorrecte lorsqu'elle s'applique à la ville contenue dans ses limites communales. Son emploi dans ce cas est souvent le fait de l'ignorance ou d'un certain pédantisme basé parfois sur des nostalgies d'Ancien Régime. »*

Nous sommes conscientes qu'ils auraient pu le dire plus simplement...

Alors, pour résumer :

**QUI DIT "EN AVIGNON"
A L'AIR D'UN CON !**

Quelques expressions (presque) françaises

Les femmes normales emploient parfois des expressions bizarres.

*Spéciale dédicace à Coco** *car elle est à l'origine d'un grand nombre des expressions suivantes :*

« Rien que d'en parler, j'en ai la chair à saucisse. »

« Ça casse pas trois pattes et un canard. »

« Elle s'est fait virer comme mouche qui pique. »

« Je prends sur moi, je moule mon cake. »

« C'est la rencontre du treizième type. »

« C'est comme péter dans un entonnoir. »

« Elle m'a planté un trombone dans le dos ! »

« La bite ne fait pas le moine. »

« C'est la cerise qui fait déborder le vase. »

« J'ai plusieurs casquettes à mon arc. »

« Il faut attraper le taureau par les couilles. »

« Mettre du vin dans les épinards. »

« J'ai eu le ventre plus gros que les yeux. »

« Il a le cul bordé de coquillettes. »

« Un tiens vaut mieux que deux. »

* Le prénom a été changé par respect pour Audrey et son entourage.

Qui arrive à manger 5 fruits et légumes par jour ?

Sérieusement ! Seule la femme parfaite peut respecter cette règle !

Elle mange BIO, est souvent végétarienne et va même jusqu'à se nourrir exclusivement de graines. Mais si seulement elle ne se donnait pas comme mission de nous sauver, nous, pauvres pécheresses !

« C'est quand même pas très compliqué de faire pousser ses propres topinambours. »

Ok. Encore faut-il savoir ce qu'est un topinambour !

« Je suis végétarienne, mais je peux manger des œufs parce que, ce qui est intéressant à savoir, c'est que l'œuf est le degré zéro de la souffrance animale. »

C'est incroyable comme le terme « intéressant » peut avoir un sens différent selon les gens.

« Tu ne devrais pas boire de lait de vache, car tu n'es pas le bébé de la vache ! »

Ah ! Parce que tu es le bébé du soja, toi, peut-être ?!

Règle n° 11

On assimilera que
PERSONNE
ne sait appliquer
un autobronzant
correctement,
c'est une légende !

J'ai fait texto deuxième langue

Combien d'entre nous ont déjà paniqué en recevant un texto ? « Tu te rends compte ! Je lui ai écrit **"Bisous"** et il m'a répondu **"Bises"**. Je me sens humiliée ! »
(C'est typiquement féminin, nous n'avons aucun sens des proportions.)
Alors, afin d'éviter toute interprétation hâtive ou erronée, nous avons mis au point un tableau de référence.

Texte	***Traduction***
.	Ayé, fini !
..	Je veux laisser du suspense.
...	Je ne sais pas comment terminer cette phrase.
....	Ça ne veut rien dire ! N'oubliez pas que « Trop de points tue le point ».
?!	Je pose la question mais je suis un peu agacée.
?!!	Je pose la question mais je suis d'ores et déjà très énervée par la réponse.
:)	Je rigole.
;)	Je rigole même si c'est pas forcément drôle.
:$	Je rigole même si j'ai un bec de lièvre.
←3	Un cœur.
8→	Une bite*.

* Une étude dont les résultats sont restés confidentiels révèle que « personne n'a jamais reconnu CETTE chanson ! ».

Traduction français / texto

Alors oui, notre anglais est scolaire, nous avons écrit « notions de latin » sur notre CV et notre espagnol se résume à « *Una cerveza por favor* ».

Mais une chose est sûre, on est incollables en déchiffrage de texto !

Bises	Je veux mettre de la distance.
Biz	J'insiste sur le fait que nous sommes seulement des amis.
Bisous	Un rapprochement est possible.
Kisses	Je veux montrer que je suis cool.
XXX	Je suis américain ou acteur porno...
Big Bisous	Je suis Carlos.
Smacky smack	J'ai moins de 15 ans. ou je suis gay
Kill you	Je suis un psychopathe.

Comment humilier publiquement une amie ?

Autrement dit : « organiser un enterrement de vie de jeune fille ».

Sont PROSCRITS les enterrements de vie de jeune fille qui contiennent :

- **Un déguisement quelconque** (perruque, chapeau et autres accessoires à caractère humoristique)
- **Un gage** (faire des bisous à des inconnus, récupérer des numéros ou vendre du papier toilette sur la place publique)
- **Des sex-toys** (achat, démonstration ou utilisation sur la place publique)

Un enterrement de vie de jeune fille reste pour beaucoup l'occasion de « faire les fofolles en buvant un kir royal et en regardant un homme se mettre en string ».

Alors qu'un enterrement de vie de garçon se résume à « se faire payer une professionnelle* par ses potes » (oui, c'est ça qu'ils appellent « un week-end à Barcelone »).

* Cf. note p. 33.

Règle n° 12

On ne dira plus :
« Fais gaffe,
j'ai de l'herpès ! »,
mais : « Attention
à mon petit bouton
de fièvre. »

Demain, je me mets au sport !

Cette année, on a franchi le pas. On s'est inscrites à la salle de sport !
Maintenant, le plus dur reste à faire... Y aller !
Il n'y a qu'une seule règle, une seule motivation, une seule chose qui nous pousse à nous rendre dans ce lieu de torture...

LA CULPABILITÉ !

« L'inscription à la salle de sport m'a coûté 800 euros... ***Je suis obligée d'y aller !*** *»*
« J'ai passé mon week-end à me goinfrer... ***Je suis obligée d'y aller !*** *»*
« Le prof va me faire la remarque qu'il ne m'a pas vue depuis 5 semaines... ***Je suis obligée d'y aller !*** *»*
« Je me suis acheté des baskets neuves à 100 euros, une tenue super-stylée et un soutien-gorge de sport... ***Je suis obligée d'y aller !*** *»*
« Les autres filles du cours vont me lancer un regard désapprobateur... ***Je suis obligée d'y aller !*** *»*
« Y a plein de mecs mignons et je suis célibataire... ***Je suis obligée d'y aller !*** *»*

Petit calcul de base

Prix de l'abonnement à la salle de sport
\+ Prix de la tenue achetée pour l'occasion
\+ Prix de l'iPod acheté pour l'occasion
\---
Nombre de fois où nous y sommes allées dans l'année
=
Prix réel à la séance*

* Effectivement, on est obligées d'y aller !!

Facebook ou « Comment ils nous font croire qu'ils ont une vie géniale »

On a tous, dans nos amis Facebook, une personne qu'on ne connaît pas bien mais qui nous donne l'impression d'avoir une vie extraordinaire !

Mais gardez bien à l'esprit que la vie des autres n'est pas formidable... Tout n'est qu'une question de point de vue !

« Déjeuner de ouf avec les poulettes ! Wooo ! »

→ ***Ok, elle a donc mangé à midi.***

« Yesss ! C'est le week-end !! »

→ ***Chose extraordinaire, elle ne travaille pas le dimanche.***

« Aïe !! Olala ! Merci à Monsieur Doliprane ! »

→ ***Elle a sûrement bu un mauvais kir... dans un mauvais troquet... en mauvaise compagnie.***

« J'ai le meilleur des chéris !! »

→ ***Son mec est allé acheter le pain.***

« Tellement gâtée !! Merciiii ! Vous êtes fous ! »

→ ***Un convive lui a apporté une « forêt-noire » pour le dessert.***

Le complexe de la machine à café

Nous sommes lundi matin et, comme chaque lundi, notre collègue (qu'on appellera ici « Christelle de la compta », d'abord parce que Christelle, c'est moche, et parce qu'on a déjà utilisé « Michel » plus haut dans le livre) décide de nous raconter son week-end autour de la machine à café.

Et là, c'est la panique ! Notre week-end s'étant résumé à trier notre armoire et à finir la saison 6 de *Dexter*, nous ne pouvons décemment pas en parler, ce serait un aveu d'échec !

C'est ce qu'on appelle communément :

« Le complexe de la machine à café »

À ce moment précis, dites-vous que les autres n'ont pas une vie extraordinaire !

Certains même ont une vie chiante comme la pluie*.

Et surtout, rappelez-vous que Christelle de la compta est vraiment une « connasse » !

---

* Cf. Chapitre « Comment savoir qu'on a une vie de merde ? », p. 46.

J'peux pas vendredi... C'est la finale de Secret Story

Phrases de connasses :

« Quoi, tu regardes des films en VF ? »

« Tu es allée voir le spectacle d'Ariane Mnouchkine qui dure 9 heures ? C'est FOR-MI-DA-BLE !! »

« Navrée, je ne sais pas de quoi tu parles, je n'ai pas de télé. »

Pour citer le philosophe Cookie Dingler dans son œuvre intitulée *Femme libérée* :

Elle est abonnée à Marie Claire
*Dans L'*Nouvel Obs *elle ne lit que Bretécher*
Le Monde *y a longtemps qu'elle fait plus semblant*
Elle a acheté Match *en cachette c'est bien plus marrant*

On lit *VOICI* et on assume !

On va pas se mentir ! C'est quand même plus distrayant que *Le Monde diplomatique*.

Ben quoi ?! C'est quand même vital d'avoir des nouvelles de Suri Cruise... Non ?

On n'a besoin de personne

On a longtemps pensé que le bricolage était l'apanage des hommes... que nous avions besoin d'eux pour effectuer tous les travaux de la maison.

Eh bien mesdames, cette période est révolue !

Ici s'achève une longue tradition d'appels à l'aide.

Pas besoin d'homme pour bricoler !
Pas besoin de bricoler du tout en fait !

Témoignages :

« Ça va ! C'est pas si contraignant de devoir ouvrir et fermer le robinet d'arrivée d'eau à chaque chasse d'eau. »

« On prend l'habitude de dormir avec une couverture de survie. Pourquoi payer un nouveau chauffe-eau ? »

« De la Patafix, ça marche très bien pour réparer une fenêtre ! »

« J'ai pris l'habitude de passer par la fenêtre, pas besoin de faire refaire la clé. »

« Pourquoi régler cette horloge ? C'est quand même pas compliqué de rajouter deux heures en hiver et une heure en été. »

M'enfin... C'est pas la fin du monde de demander un peu d'aide, **personne ne vous jugera si vous ne savez pas faire ! (La connasse, si... Mais c'est une connasse.)**

Règle n° 13

On n'achètera plus de fringues en 36 alors qu'on fait un 40, tout ça parce que la vendeuse nous a regardée avec « un air de défi ».

Il me faut AB-SO-LU-MENT une « machine à pain » !

Ou comment nos placards sont remplis de choses qui nous paraissaient indispensables quand on les a achetées, mais qu'on n'a utilisées qu'une seule fois depuis.

Nos placards sont aussi remplis de plein d'objets tout droit sortis du télé-achat :

- Pierrade
- Palper-rouler
- Mixeur / robot ménagé
- Partie crêpes
- Assainisseur d'air
- DVD de cours de gym dispensés par Cindy Crawford (eh oui...)
- Sex-toy
- Sport Elec
- Appareil à fondue au chocolat

(Celles qui osent rétorquer : « Non, je m'en suis servie trois fois... » sont également concernées !)

Morale :

Alors là ! Ne comptez pas sur nous pour vous faire culpabiliser ! On n'a jamais oublié ce qu'on a ressenti en recevant notre « Kit pour faire des Cupcakes* » !

Hihi ! C'ÉTAIT TROP CHOUETTE !!

* Il est encore dans sa boîte.

Il est tout pourri ton cadeau

« Un cadeau est toujours réussi lorsqu'il vient du cœur. »

Tu parles ! Dans 62 % des cas, les cadeaux qu'on reçoit sont tout simplement pourris* !

Repensez au pire cadeau qu'on vous ait offert et posez-vous la question :

« Cette personne me voulait-elle vraiment du bien ? »

« Ma tante m'offre des boules de bains chaque année. »

J'ai une douche !

« Tu peux le changer, j'ai gardé le ticket. »

On ne nous donne jamais le ticket !

« Ma belle-sœur m'a offert un couteau de boucher pour Noël. »

Je me demande comment je dois le prendre !

« Mon cousin m'a offert un tableau de clown qui pleure, en me disant : "J'ai tout de suite pensé à toi." »

??!!!

* Pourcentages complètement aléatoires, basés uniquement sur l'expérience personnelle des auteurs.

La vérité sur les cadeaux

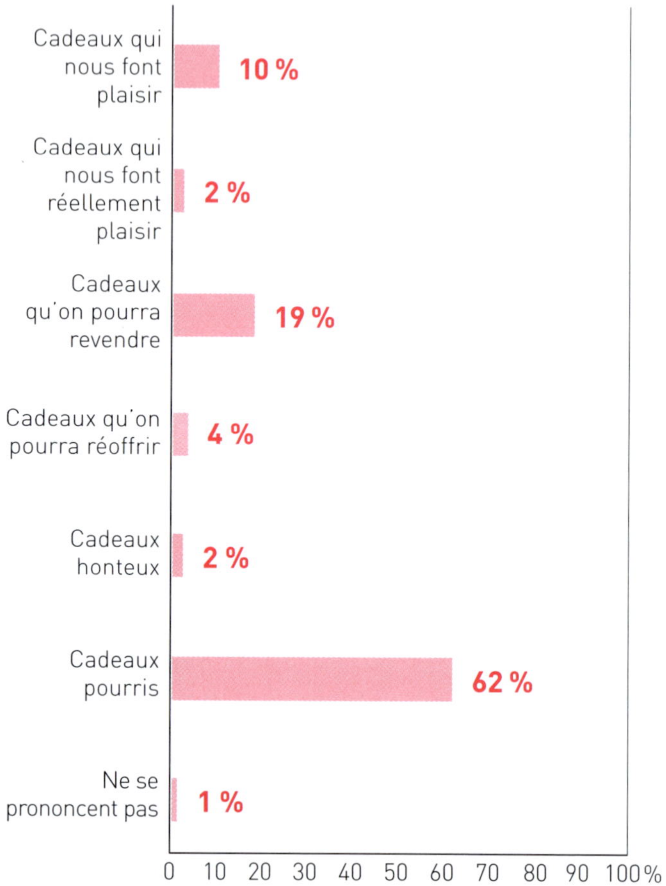

Liste des cadeaux interdits

À L'ATTENTION DES HOMMES

Messieurs,

Nous avons conscience que, pour la plupart d'entre vous, choisir un cadeau pour votre chérie reste une épreuve douloureuse. Ainsi, nous nous permettons de vous prodiguer quelques conseils de survie :

Évitez les « cadeaux pour vous ». Croyez-vous que nous sommes dupes ?

- **Déshabillé très coquin**
- **Sex-toys**
- **Jeu vidéo World and Warcraft 2**

Évitez également tout cadeau qui peut être considéré comme « à message » :

- **Cours de cuisine**
- **Séances de relooking**
- **Séances chez le psy**

Attention, dans notre grande paranoïa, sachez que tout cadeau, même le plus innocent, peut devenir pour nous un « cadeau à message ».

« Hannn !! Il m'a offert......... Tu crois qu'il veut dire que............. ??!!! »

Alors, ne prenez pas de risques !

ATTENTION DANGER : Erreur sur la taille d'un vêtement !

Si la taille est trop petite, elle va se sentir grosse.

Si la taille est trop grande, cela signifie que vous la voyez plus grosse qu'elle n'est, elle va donc se sentir grosse.

Dans les deux cas, vous êtes foutus.

Les mères parfaites*/**

LA MÈRE PARFAITE EST UNE CONNASSE !

* Note des auteurs : Cela fera l'objet d'un second ouvrage, intitulé La mère parfaite est une connasse.

** Note de l'éditeur : Il faudrait déjà que vous vendiez celui-là.

Règle n° 14

On arrêtera de dire :
« lundi en 12 »,
tout ça parce qu'on
n'a jamais compris
l'expression
« lundi en 8 ».

Quoi ?! T'avais pas gardé le ticket ?!

La femme parfaite est très organisée ! Ce qui n'est malheureusement pas notre cas !

C'est vrai, soyons honnêtes :

- Qui n'a jamais continué à payer l'assurance du portable qu'elle avait perdu il y a 4 ans ?
- Qui n'a jamais oublié de s'inscrire sur les listes électorales ?
- Qui n'a jamais payé un billet d'avion hors de prix parce qu'elle l'a pris à la dernière minute ?
- Qui n'a jamais offert un objet qui lui appartenait parce qu'elle avait oublié d'acheter un cadeau d'anniversaire ?
- Qui n'a jamais dit : « J'ai dépassé la date pour me faire rembourser » ?
- Qui n'a jamais oublié de résilier son abonnement minitel ?

Alors oui, on n'est peut-être pas les reines de l'organisation… On n'a pas de compte épargne logement, ni d'extension d'assurance, mais nous, on a une boîte en bois, bien cachée, hihi !

Les « Nouvel An » sont toujours foireux

Arrêtons de nous mettre la pression. Quoi que l'on fasse, quoi que l'on prévoie, cette soirée ne sera jamais à la hauteur*. Et s'il nous arrive de passer une soirée incroyable, sachez que cela ne sera que purement accidentel !

TOP 5 DES NOUVEL AN LES PLUS FOIREUX :

1. Seule avec son chat
2. Avec notre ex et sa nouvelle copine (une sublime Brésilienne de 20 ans)
3. La seule célibataire au milieu de couples
4. Avec des gens qui ne boivent pas d'alcool
5. En vomissant à 23h57

En cas de cumul, le Nouvel An en question sort de la catégorie « Nouvel An foireux » pour devenir « mémorable ». Exemple : Vomir sur son chat à 23h57.

* Se référer aux chapitres intitulés : « Facebook ou comment ils nous font croire qu'ils ont une vie géniale » et « Comment savoir qu'on a une vie de merde ».

Tin tin tintin, tin tin tintin*

Nous ne choisissons pas toujours notre famille (quelques-uns de nos amis non plus, d'ailleurs) et nous choisissons encore moins d'être présentes ou non à leurs mariages.

Conseils à suivre pour survivre à un mariage :

- Ne pas être plus belle que la mariée, sauf si on la déteste.
- Commencer à boire assez tôt, ça passera plus vite (mais en évitant quand même d'être bourrée au vin d'honneur).
- Éviter d'aborder les thèmes épineux lors du discours, tels que :
  - La vie sexuelle antérieure de la mariée
  - L'ambiguïté sexuelle du marié
  - La Shoah

Nous éviterons donc les :

« Avant de rencontrer Benoît, Vanessa c'était une vraie chaudasse ! »

« On applaudit les mariés ! Michel et ... ???? »

« J'aimerais qu'on ait une pensée pour tous ces enfants qui meurent de faim dans le monde et qui... Ah ! Mais je m'interromps car la pièce montée vient d'arriver. »

« Allez ! Tout le monde chante avec moi ! Bali Balo dans son berceau... »

* Vous avez tous reconnu l'air de la marche nuptiale.

Et on fait tourner les serviettes

Afin d'égayer un peu cette longue soirée, pensez à :

- **Repérer rapidement le tonton porté sur l'alcool et bagarreur et ne pas hésiter à remplir régulièrement son verre.**

Une petite bagarre est toujours la bienvenue à la fin d'un banquet.

- **Se filmer dans les toilettes avec son téléphone portable, et donner une note à la soirée comme dans les émissions télé « Un dîner presque parfait » ou « Quatre mariages pour une lune de miel ».**

Juger les gens fait souvent passer une très bonne soirée !

- **Se faire passer pour la cousine américaine qui ne parle pas français.**

Les gens parleront sans retenue devant nous... Y a moyen de se marrer !
Marche aussi avec "la cousine sourde".

- **Si on remarque qu'un convive est spécialement timide, ne pas hésiter à l'interpeller en lançant le fameux : « Un discours !! Un discours !! »**

Qui sera repris, soyez en sûre, par l'assemblée tout entière.

- **S'inventer une vie auprès des invités qu'on ne reverra jamais.**

Vous ne me reconnaissez pas ? J'ai fait Secret Story 3, mon secret était : « Je suis née danseuse de Flamenco ».

« Qui c'est qu'a pété ?! »

Qu'on se le dise, même la femme parfaite pète… Mais elle le fait discrètement.

Et si par ailleurs elle surprend quelqu'un en pleine action, elle évitera de crier :

« C'est pas moi, c'est Martine ! »

« Ah mais c'est quoi c't'odeur ! Ça me brûle les yeux ! »

« T'es pourrie de l'intérieur, c'est pas possible ! »

Se décline également en version « Toilettes » :

« Pendant les 4 prochaines heures, vous allez oublier que j'ai des chiottes ! »

Mots interdits pour désigner des toilettes :

- **Waters**
- **Chiottes**
- **Cabinet**
- **Cabech**

Ou tout autre mot dit « mignon » ou « issu du folklore régional ».

Est-il utile de préciser que l'expression « Qui c'est qu'a pété » est interdite depuis… Depuis toujours en fait !

Règle n° 15

On arrêtera de crier :
« Hey ? tu veux voir
ma chatte ? »
en brandissant une
photo de son chat.

Ces filles qui ne mangent qu'une salade...

Elles nous font culpabiliser lorsqu'on commande une fondue savoyarde avec un supplément charcuterie, alors qu'elles commandent une salade « sauce à part »...

Mais n'oubliez jamais :

Une fille qui ne grossit pas, c'est une fille qui ne mange pas !

Une fille qui ne grossit pas, c'est une fille qui ne mange pas !

Une fille qui ne grossit pas, c'est une fille qui ne mange pas !

Une fille qui ne grossit pas, c'est une fille qui ne mange pas !

Une fille qui ne grossit pas, c'est une fille qui ne mange pas !

Une fille qui ne grossit pas, c'est une fille qui ne mange pas !

Une fille qui ne grossit pas, c'est une fille qui ne mange pas !

Une fille qui ne grossit pas, c'est une fille qui ne mange pas !

Une fille qui ne grossit pas, c'est une fille qui ne mange pas !

Une fille qui ne grossit pas, c'est une fille qui ne mange pas !

Une fille qui ne grossit pas, c'est une fille qui ne mange pas !

Une fille qui ne grossit pas, c'est une fille qui ne mange pas !

Une fille qui ne grossit pas, c'est une fille qui ne mange pas !

Une fille qui ne grossit pas, c'est une fille qui ne mange pas !

Une fille qui ne grossit pas, c'est une fille qui ne mange pas !

Une fille qui ne grossit pas, c'est une fille qui ne mange pas !

Une fille qui ne grossit pas, c'est une fille qui ne mange pas !

Une fille qui ne grossit pas, c'est une fille qui ne mange pas !

Interdiction du texto bourré

Nous profitons de ce livre pour faire un peu de prévention contre l'utilisation du texto bourré !

C'EST INTERDIT !!!

Le fameux texto « riche de sens » de 3 heures du matin...

Nous souhaiterions vivement qu'il y ait une application sur Smartphone avec alcootest intégré, ça pourrait sauver des vies !

Ça nous empêcherait, par exemple, d'envoyer à notre ex à 3 heures du matin :

« Je pense encore à toi *... »

Texto, qui aura d'énormes conséquences...

Surtout si notre ex a l'audace de répondre... **« C'est qui ? »**

Ceci vaut également pour les statuts Facebook, tweets, etc.

* C'est un exemple parmi d'autres. Il est également question ici des nombreux messages salaces, chantages affectifs, menaces de suicide que nous avons envoyés lors de nos nuits arrosées...

La star du collège vieillit mal

La star du collège finit mal !

Ou équivalent : La théorie de la « Pom-Pom Girl ».

On en connaissait toutes une, elle avait tout !

Elle était belle, populaire... et on rêvait toutes, en secret, d'être comme elle.

Rassurez-vous :

« Les gens qui s'obstinent à être de leur temps disparaissent avec lui. »

Il en est de même pour la star du collège qui s'est éteinte avec les années collège.

Grâce à Facebook, on constate 15 ans plus tard que :

- Elle a épousé un « looser »
- Elle a pris 20 kilos
- Elle a des enfants moches
- Elle a un chien ridicule et/ou méchant
- Elle est passée dans l'émission « Confessions intimes »
- Elle porte des Crocs !

Eh oui les filles...

L'heure de la VENGEANCE a sonné !!

Hommage

Nous interrompons un instant le déroulement de ce livre pour dédier la théorie précédente* :

Aux bonnes copines
À celles qui faisaient tapisserie
pendant les boums
À celles qu'on choisissait en dernier
pour faire les équipes en sport
À celles qui avaient un appareil dentaire
Aux premières de la classe
À celles qui n'avaient pas de poitrine
À celles qui ne portaient pas de « marques »
À celles qu'on affublait d'un surnom ridicule
À celles qui n'étaient pas invitées aux fêtes
À celles qui gardaient leur tee-shirt à la piscine

Enfin, aux rigolotes, aux petites grosses,
aux garçons manqués, aux acnéiques,
aux pucelles, bref,
à toutes celles qui n'ont jamais été...
des CONNASSES !

* Pour bien faire, ce passage doit être lu debout, à haute voix, la main posée sur le cœur et l'hymne national américain en fond sonore.

La faute à Meg Ryan

C'est la faute de cette connasse de Meg Ryan !

Parce que nous, on y a cru en regardant *Nuit blanche à Seattle*, que c'était « magique ».

En regardant *Dirty Dancing*, on a cru que Johnny (une fois qu'il aurait fini de courir après son destin comme un cheval sauvage) allait nous amener loin de tout ça !

C'est vrai, qui n'a jamais rêvé d'une histoire d'amour **« comme dans les films »** ?

Une rencontre parfaite, une relation drôle, légère, passionnée...

Même si la plupart d'entre nous en ont fait le deuil, pour les autres, le réveil est plus difficile...

Comme les générations précédentes ont pu croire au conte de fées, nous avons grandi en croyant au prince charmant !

À Richard Gere dans *Pretty Woman*, à Johnny dans *Dirty Dancing*, à Big dans *Sex and the City*...
Mais ne soyons pas trop déçues...

Autant la femme parfaite est une connasse, autant le prince charmant est un connard !
Car, à l'instar de la femme parfaite... il n'existe pas.

Règle n° 16

On ne dira pas
en public :
« Trop cool !! Didier
Barbelivien sort
un triple best of ! »

Les AP*

Un AP est un homme qui, contre toute attente, nous attire. (Physiquement, sexuellement...)

Il est souvent l'opposé des hommes que nous fréquentons habituellement, mais étrangement, il nous attire !

On n'ose même pas en parler à nos proches et on préfère classer ça dans les dossiers « fantasmes », « trucs qu'on n'assume pas » voire « répréhensibles par la loi ».

« Il est gros, poilu et moche mais quand il est sur sa moto... » **= AP**

« Ça va pas ?! Je pourrais être sa mère... » **= AP**

« Le mec, il a pas d'appart, pas de boulot, il vit dans son van et il fait du surf toute la journée ! » **= AP**

« J'ai passé l'âge de craquer pour un chanteur pour midinettes ! » **= AP**

« Mon voisin est gothique, il est vraiment bizarre, je le soupçonne même d'être un vampire. » **= AP**

Pour apprendre à mieux se connaître, il est important de savoir définir son AP

AP les plus courants :

- Mec bodybuildé
- Chanteur de country
- Danseur de comédies musicales
- Père de nos potes
- Petit frère de nos copines
- Biker tatoué
- G.O.

---

* Attirance perverse.

Analyse de la photo de profil d'un mec

Sur Facebook, le garçon envisagé comme un futur petit ami potentiel a mis une photo :

- De lui avec ses potes **= Cool**
- De lui avec un pote **= Gay**
- De lui avec son ex **= Ne sait pas où il en est**
- De lui déguisé **= Dépressif**
- D'un chef d'État **= Inquiétant**
- D'un paysage **= Moche**
- D'un mec (qui n'est pas lui) très moche **= Moche mais drôle**
- D'un mec (qui n'est pas lui) très beau **= Moche et triste**
- D'un petit chat **= Gay***
- D'un petit chat mort **= Psychopathe**

* Cf. le chapitre « Gay / Pas gay », p. 112.

Le rencard foireux

Avant un premier rendez-vous galant, il faut vous entendre au préalable avec une amie afin d'établir un plan d'action pour vous sauver en cas de besoin.

(Si vous découvrez par exemple qu'il est chiant comme la pluie, radin, fan de curling, etc.)

Pour vous éclipser, il suffira que votre amie (et complice) vous appelle pendant le repas et que vous lui répondiez en simulant la surprise :

« Allô ! Quoi ??! Ne saute pas ! J'arrive tout de suite ! »

« Allô ! Quoi ??! *Dirty Dancing* repasse sur W9 ? J'arrive tout de suite ! »

« Allô ! Quoi ??! Mais que faisait-il avec cette moissonneuse-batteuse ? J'arrive tout de suite ! »

Règle n° 17

On arrêtera de répondre : « Dans ton cul ! »

Gay / Pas gay

Abordons à présent la question de « l'homme moderne » ou, comme les magazines féminins aiment à l'appeler, le « métrosexuel ». C'est-à-dire cet homme qui assume sa part de féminité.

Il est vrai que l'homme a évolué. Grand bien lui fasse... Mais cela n'est pas sans conséquence. En effet, aujourd'hui notre « Gaydard* » est en panique !

La question est :

Comment reconnaître le gay du faux ?

Test :

- ☐ Il commande un kir.
- ☐ Il connaît la différence entre les couleurs « orange » et « corail ».
- ☐ Il connaît les noms des actrices de *Gossip Girl*.
- ☐ Il sait faire le risotto.
- ☐ Il trouve Justin Timberlake sexy.
- ☐ Il connaît par cœur la danse de Johnny dans la scène finale de *Dirty Dancing*.
- ☐ Il connaît *Dirty Dancing*.
- ☐ Il embrasse ses « amis » sur la bouche pour leur dire bonjour.
- ☐ Il tapote le pénis de ses « amis » pour leur dire bonjour.

Si vous avez coché plus de 4 cases, il risque de vous emmener voir la comédie musicale *Mamma mia !*

Si malgré tout il s'avère hétérosexuel : ÉPOUSEZ-LE !

* Radar à gays.

Le Shark

La définition donnée par le Larousse :

« Poisson sélacien au corps fuselé terminé par un rostre pointu et aux fentes branchiales situées sur les côtés du corps. [...] Les requins hantent l'imagination de l'homme, provoquant la peur mais aussi une fascination qui ne s'est pas démentie au cours des siècles. Si, aux îles Salomon et aux îles Tonga, ils sont vénérés comme des dieux, en Occident ils symbolisent la mort qui surgit de la mer à l'improviste. »

Le Shark, prédateur* qui rôde en fin de soirée à la recherche d'une proie facile... Vous !

Un moment d'inattention, un verre de trop, une copine qui vous laisse seule le temps d'aller aux toilettes, et c'est l'attaque !

Le Shark est rapide, précis et très efficace !

Combien de nos sœurs de misère ont connu une attaque de Shark et en portent aujourd'hui encore les stigmates ?

Faites très attention ! Soyez vigilantes et gardez toujours à l'esprit que le Shark rôde...

* Un prédateur reste un prédateur, on ne peut pas l'apprivoiser et on ne pourra jamais changer sa nature profonde... Alors un conseil : ne vous y frottez pas !

Comment épater un mec

L'homme n'est pas cet animal complexe qu'il veut bien nous laisser croire. Il reste aujourd'hui très facile de l'épater et, de ce fait, de gagner son respect :

- Apprendre par cœur les règles du « hors-jeu ».
- Savoir faire passer sa jambe derrière sa tête.
- Savoir ouvrir une bière avec un briquet, son avant-bras ou ses dents.
- Raconter avoir eu une expérience homosexuelle (ou à plusieurs).
- Devenir la reine du jeu vidéo Fifa.
- Apprendre à jouer de la guitare (un morceau suffit... les hommes sont crédules, ne l'oublions pas).
- Apprendre une ou deux phrases types sur le mercato foot en cours.
- Dire qu'on est très copine avec Clara Morgane.
- Se procurer toujours avant lui le dernier produit Apple.
- Apprendre par cœur tous les noms des *Chevaliers du Zodiaque* et les répliques de *Star Wars*.
- Savoir réparer un « carbu ».
- Savoir ce qu'est un « carbu ».

Et si vous jugez cette liste un peu trop réductrice face à la complexité de cet « animal politique »..., vous êtes bien naïves !

Concept du veto

Le mot « veto » vient du latin et signifie littéralement : « Je m'oppose ! »

En l'occurrence : « Je m'oppose à ce qu'une autre fille drague ce garçon. »

A le droit d'appliquer « un veto » celle qui l'a DIT en premier et non pas, comme beaucoup le pensent, celle qui l'a VU en premier.

D'où l'importance de faire savoir rapidement son attirance pour un garçon.

Témoignage de Mélodie : *« On avait craqué sur le même garçon, mais comme elle m'avait permis d'acheter le même gilet qu'elle, je le lui ai laissé. »*

N.B. Ce concept est également connu sous le nom de « Prem's » !

Exceptions au droit de veto

- Si deux filles font connaître leur attirance pour le même garçon, en même temps.

C'est celle qui l'avait VU en premier qui a la main.

- Si les deux l'ont vu en même temps.

C'est celle qui est célibataire depuis plus longtemps qui a la main.

- Si les deux sont célibataires depuis aussi longtemps.

Une concertation « à l'amiable » sera effectuée, avec la possibilité de faire intervenir un médiateur.

La concertation pourra se conclure par une donation (vêtement, accessoire, produit de toilette...) à la personne lésée.

Le concept du veto peut paraître un peu trivial, mais loin de nous l'idée de considérer l'homme comme un objet... En tout cas, pas en public !

D'ailleurs pour le ménager, il est important qu'il ne soit pas au courant qu'un veto a été posé sur lui !

Soyez discrètes !!

Ci-joint des « bons pour un veto » à découper et à brandir à ses concurrentes.

BON POUR UN VETO

Ce "veto" est effectif dès aujourd'hui et ce pour une durée de 3 mois. Nul(le) n'aura le droit de draguer d'une façon ou d'une autre ledit « veto » sous peine de poursuites.

BON POUR UN VETO

Ce "veto" est effectif dès aujourd'hui et ce pour une durée de 3 mois. Nul(le) n'aura le droit de draguer d'une façon ou d'une autre ledit « veto » sous peine de poursuites.

BON POUR UN VETO

Ce "veto" est effectif dès aujourd'hui et ce pour une durée de 3 mois. Nul(le) n'aura le droit de draguer d'une façon ou d'une autre ledit « veto » sous peine de poursuites.

BON POUR UN VETO

Ce “veto” est effectif dès aujourd’hui et ce pour une durée de 3 mois. Nul(le) n’aura le droit de draguer d’une façon ou d’une autre ledit « veto » sous peine de poursuites.

BON POUR UN VETO

Ce “veto” est effectif dès aujourd’hui et ce pour une durée de 3 mois. Nul(le) n’aura le droit de draguer d’une façon ou d’une autre ledit « veto » sous peine de poursuites.

BON POUR UN VETO

Ce “veto” est effectif dès aujourd’hui et ce pour une durée de 3 mois. Nul(le) n’aura le droit de draguer d’une façon ou d’une autre ledit « veto » sous peine de poursuites.

Règle n° 18

*On assumera de pleurer devant les téléfilms de M6… surtout ceux de Noël**.*

* *Un grand-père pour Noël, Un nouveau cœur pour Noël, Un Noël où il ne fait pas bon être orpheline quand on a 12 ans et une jambe de bois…*

Pense-bête à l'usage des filles qui veulent mieux comprendre les hommes

IL DIT... → **IL PENSE**

J'aime les filles qui ont des formes.

J'aime les gros seins, mais pas les grosses.

Tu ne te changes pas ?

Je te trouve moche dans cette robe.

Ça se voit trop que ce sont des faux seins.

Je mettrais bien la tête dedans pour vérifier.

T'es super-sympa !

C'est con que tu sois moche !

Elle est vulgaire, Sabrina.

Je la sauterais bien.

On s'appelle.

Je ne t'appellerai pas.
(Sinon, il aurait dit « Je t'appelle ».)

C'est juste une copine.

J'ai jamais eu l'occasion de la sauter.

J'aime les filles qui ont de l'humour !

Mais il ne faut pas qu'elles soient plus drôles que moi.

Tu veux pas qu'on essaye de nouvelles choses ?

Tu veux pas faire un plan à 3 avec Gaëtane ?

Maintenant, j'ai envie d'une relation sérieuse.

J'ai déjà sauté tout ce qui bougeait.

J'ai besoin d'une fille plus discrète.

J'aime pas qu'on me vole la vedette.

Peut-être que je suis en train de faire la plus grosse erreur de ma vie en te quittant.

Je te garde sous le coude si j'ai besoin d'un coup d'un soir.

Je préfère qu'on prenne notre temps.

J'ai des problèmes d'érection.

La théorie de l'indifférence

« Moi je suis incapable de draguer un mec qui me plaît ! Non, je joue l'indifférence, la distance… C'est simple : je ne le regarde pas ! Je ne lui parle pas ! Et ça ne marche pas… »

LA THÉORIE DE L'INDIFFÉRENCE NE MARCHE PAS !

On n'a jamais vu un mec qu'on n'a pas regardé de la soirée venir nous voir pour nous dire : « Hey ! J'ai remarqué que tu ne m'avais pas remarqué… Et par conséquent, je suis follement attiré par toi ! »

Ça n'existe pas ! Les hommes préfèrent de loin les filles accessibles ; il va rentrer avec la petite blonde qui dansait comme une chagasse* pendant que nous, on faisait le robot…

L'indifférence ne fonctionne pas à court terme. Elle peut cependant s'avérer efficace si elle fait partie d'une stratégie plus longue à mettre en place. Mais dans ce cas, ne prenez pas de risque : prenez garde à vos concurrentes potentielles, pensez à utiliser vos bons pour un veto (pages 117-118).

* Voir le chapitre « Chagasse/Pas chagasse », p. 68.

Règle n° 19

On évitera de boire de l’alcool face au mec de son amie, qu’on ne peut pas encadrer ! Un « Ton mec, c’est qu’une merde ! » *est si vite arrivé…*

Ne le rappelle pas tout de suite, il va penser que c'est gagné

Eh oui. Il est de bon ton de laisser mariner un homme. Allez savoir pourquoi !

La peur de paraître désespérée, la peur de lui mettre la pression...

Mais surtout, le besoin de lui prouver que « c'est pas du tout cuit ! ». (Alors que si, en fait !)

Toutes ces raisons, aussi injustifiées soient-elles, nous poussent à faire des choses bizarres...

« Je ne décroche pas, comme ça, il va penser que je suis très occupée et que j'ai une vie de dingue ! »

« Je vais décrocher en disant : "Allô ? Steve ?" Comme ça, il se demandera : "C'est qui ce Steve ?" Et il sera trop jaloux ! »

« Je ne le rappelle pas, comme ça, il se dira que je ne suis pas intéressée, il rencontrera quelqu'un d'autre et je le rappellerai au moment où il s'y attendra le moins ! Malin non ? »

La règle la plus répandue dans ces cas-là est « La règle des 3 jours », qui consiste à attendre 3 jours avant de rappeler l'être convoité.
(Voir page ci-contre.)

La règle des 3 jours

Après de nombreuses recherches, nous avons découvert que **« La règle des 3 jours » trouverait son origine dans la résurrection d'un certain Jésus-Christ.**

« Whaou ! Incroyable ! »

(Oui, nous aussi, ça nous a fait le même effet !)

La légende veut que Jésus, après sa mort, ait attendu 3 jours avant de revenir à la vie.

Jésus a attendu 3 jours avant de ressusciter ! 4 c'était trop, 2, pas assez.

S'il était revenu plus tôt, certains ne se seraient même pas rendu compte qu'il était mort :

« Jésus ? Il est mort ? Non ?! T'es sûr ? Mais quand ? On me dit jamais rien à moi ! »

Mais s'il avait attendu plus longtemps :

« Ouais, Jésus ? Il est mort la semaine dernière... Mais tu savais que Pierre était mort hier ?! Les boules ! »

3 jours, c'était donc le parfait timing.

Règle n° 20

On évitera de commencer une phrase par : « Mon psy dit que... »

Règle n° 21

On ne commencera jamais une phrase par : « Mon chat pense que... »

Comment savoir qu'un mec est trop jeune pour nous

- Il nous vouvoie.
- Il nous appelle **« Madame ».**
- Il nous appelle **« Maman ».**
- Il ne sait pas qui est Dylan McKay.
- Il n'a jamais vu un minitel en vrai.
- Il n'a pas connu Groquick, mais seulement Quicky (ce sale lapin arriviste !).
- Il flippe pour son bac de français.
- Il ne connaît pas Fido Dido (Pfff ! la honte).
- Il n'a pas connu les francs.
- Il pense qu'Arnold Schwarzenegger est un homme politique américain.
- Ses meilleures anecdotes commencent par **« On était en cours de maths quand... ».**
- Il croit que Laetitia est la première femme de Johnny Hallyday.
- Il n'a pas connu la VHS.
- Il trouve Dora l'exploratrice **« Trop cool »**.
- Il a vaguement entendu parler d'une **« princesse Lady Di »** mais n'est pas sûr qu'elle ait vraiment existé.

Faut-il coucher le premier soir ?

Bien sûr qu'il faut coucher le premier soir !

Vous ne pouvez pas, dans la situation de crise actuelle, laisser passer la moindre occasion *.

Qu'est-ce que vous croyez ? Même les coups d'un soir se font rares...

En ce qui concerne l'adage ***« Si on couche le premier soir, il ne nous rappellera pas »***, sachez que c'est FAUX !

C'est une légende urbaine, inventée dans le seul but de faire culpabiliser les femmes.

(Sauf si le garçon a entre 25 et 38 ans et qu'il vit à Paris intra-muros, ou dans une agglomération de plus de 15 000 habitants, dans ce cas-là, il ne rappellera jamais !)

Il existe des exceptions à cette règle :

- **Si vous êtes mineure.**
- **Si vous cherchez le grand amour.**
- **Si le garçon en question est un psychopathe.**

* Cela concerne les femmes de plus de 28 ans.

Mais au fait, pourquoi j'ai couché avec lui ?

- Je me suis sentie obligée, il avait payé le resto.
- **Ça avait l'air de lui tenir à cœur...**
- Il m'a dit qu'il avait un frigo américain ! J'adore les frigos américains, ils font des glaçons !!!
- **Je tiens une liste de mes conquêtes et j'aime bien être sur un compte rond.**
- Il m'a dit qu'il n'avait jamais ressenti ça pour personne...
- **Il est Vierge ascendant Taureau.**
- Il m'a dit : « Même pas cap ! »
- **Il adore les petits chats, les dauphins et les balades en forêt.**
- Un malentendu...
- **Quand j'embrasse, je couche. Je suis à 80 % de rentabilité.**
- Je l'ai confondu avec un autre.
- **On n'avait plus rien à se dire...**
- Je n'avais jamais couché avec un Chinois.
- **Il a dit « s'il te plaît ».**
- J'habite super loin, ça m'arrangeait parce que son appart était au-dessus du bar.
- **Il m'a dit qu'il était le cousin de Christophe Dechavanne...**

Règle n° 22

On abandonnera l'idée de décortiquer une crevette avec un couteau et une fourchette.

La « mi-molle »

« Un mal qui répand la terreur,
Mal que le ciel en sa fureur
inventa pour punir les crimes de la terre. »

Jean de La Fontaine, *Les animaux malades de la peste*

Il est vrai que La Fontaine parlait de la peste et non pas de la mi-molle.

Mais la mi-molle n'est-elle pas la peste de notre époque ?

Oui, nous posons la question !!

Définition de la mi-molle :
Phase de transition au cours de laquelle le sang commence à affluer vers le corps caverneux. Par extension, état intermédiaire entre le repos et l'érection.

Bref, quand c'est tout mou.

Imaginez notre déception quand, à l'heure de passer à l'action, nous découvrons que notre partenaire n'est pas aussi excité qu'on l'espérait.
Alors bien sûr, il a une bonne excuse !
Trop d'alcool, trop de fatigue, trop de pression...
« Je comprends pas, c'est la première fois que ça m'arrive », ou encore ***« Tu m'impressionnes trop ! »***
Il est de notre devoir de briser la loi du silence.

TROP DE MI-MOLLE TUE LA MI-MOLLE !

C'est pas grave, ça arrive à tout le monde...

FAUX !

Au départ, on n'a rien vu venir, ça a commencé par des témoignages qui paraissaient anodins :

« La première fois, c'est jamais super... »

« En fait, on n'a pas trop réussi... »

« On avait pas mal picolé... »

Et puis, les filles ont commencé à en parler entre elles, et enfin, après de nombreuses recherches, de questionnements, de regroupements d'informations, nous sommes arrivées à la conclusion terrifiante :

LES HOMMES NE BANDENT PLUS

Et le pire, c'est que les filles pensent que c'est de leur faute.

« Je l'ai pris pour moi, je dois pas être assez excitante. »

« Je ne dois pas savoir m'y prendre. »

« J'ai peur de l'avoir brusqué... »

Réveillons-nous les filles, en matière de sexe aussi, il y a un minimum syndical !

Le retour de la honte

Internationalement connu sous le nom de « *Walk of shame* ».

Ce moment où, en rentrant chez soi au petit matin, après une nuit de folie (soirée en boîte de nuit ou partie de sexe endiablée), on croise ceux qui partent travailler.

Autrement dit, quand ceux qui se couchent croisent ceux qui se lèvent…

Certains signes ne trompent pas :

- Vous portez les vêtements de la veille
- Vous avez une rose fanée qui sort de votre sac
- Vous avez les talons à la main
- Vous avez un air réjoui sur le visage ou qui signifie : « Oh merde, mais qu'est-ce que j'ai fait ?! »

Et dans ces moments, vous sentez bien que les autres vous jugent…

Vous savez qu'ils savent !

Alors pour vous donner une contenance, n'hésitez pas à utiliser un accessoire qui semble dire : « Mais quoi ? Je suis comme vous, je commence ma journée ! »

Une baguette de pain ou le journal du matin feront amplement l'affaire…

Dis-moi combien tu as eu de partenaires sexuels, je te dirai qui tu es

Les femmes françaises ont en moyenne 4,4 partenaires sexuels dans leur vie, selon la dernière étude nationale de 2007.

(Ce chiffre était de 1,8 dans les années 1970 et de 3,3 dans la précédente enquête de 1992.)

Quant aux hommes, ils ont en moyenne 11,6 partenaires sexuels dans leur vie. (Il n'y a pas eu d'évolution par rapport à l'enquête de 1970.)

Il est important de connaître le nombre de partenaires que l'on a eus, d'où la nécessité de tenir une liste.

Cette liste doit IMPÉRATIVEMENT être tenue hors d'accès de la gente masculine.

Cette règle ne souffre aucune exception.

Liste des partenaires sexuels

« 32... Et voilà, moins que Madonna mais plus que Lady Di j'ose espérer. »
Il s'agit d'une célèbre réplique d'Andie MacDowell dans le film *Quatre mariages et un enterrement*.

Mais qu'en est-il de vous ?

Aucun partenaire : Vous êtes vierge.
Entre 1 et 5 : Mouais... Vous êtes dans la moyenne.
Entre 10 et 20 : Ah... Quand même...
Plus de 20 : Vous avez bien raison.
Plus de 30 : Vous allez vous gêner !
Plus de 50 : Vous avez bien vécu.
Plus de 150 : Vous êtes Madonna.

Mais dans tous les cas, NE VOUS JUGEZ PAS !
D'autres le feront pour vous... :)

Votre liste de « partenaires »

- ....
- ....
- ....
- ....
- ....
- ....
- ....
- ....
- ....
- ....
- ....
- ....
- ....
- ....
- ....
- ....
- ....
- ....
- ....
- ....
- ....
- ....
- ....
- ....
- ....

Règle n° 23

On arrêtera de faire couler l'eau du robinet pour faire diversion quand on va aux toilettes... Personne n'est dupe !

Je t'aime, ma couille

Le problème quand on est amoureuse, c'est qu'on se croit seule au monde et on ne se rend pas forcément compte que les surnoms (ridicules) qu'on se donne dans l'intimité peuvent devenir pathétiques en public...

(Déjà qu'on parle très souvent à notre chéri avec une voix niaise, comme s'il s'agissait d'un enfant de 4 ans...)

« Il m'appelle ma grosse, je trouve ça tellement chou ! »

« On est fusionnels, je l'appelle TIC et il m'appelle TAC. »

Les classiques

(Amour, cœur, chouchou...)

Tout surnom composé

(Mon cheval fougueux, mon serpent joli, mon chouchou des îles...)

DO

Animal mignon

DON'T

(Ma souris, mon chat, mon poussin...)

Animal moche

(Mon rat, mon autruche, mon ornithorynque...)

Surnom ayant un lien avec l'anatomie du corps humain

(Ma rate, mon foie, ma couille, mon anus artificiel...)

Au secours ! Mon mec porte des Crocs !

À croire qu'il veut nous faire honte, nous humilier publiquement, rappeler au monde qu'on aurait pu avoir mieux, mais qu'on s'est contentée de lui*.

Fringues rédhibitoires :

- **Le slip** (exception faite des Italiens et des G.O. du Club Med)
- **Les marques apparentes** (Dolce&Gabana, Ed Hardy, Waïkiki… C'est fini les gars ! même sur les ceintures)
- **Porte-clés mousqueton** (ou totoche)
- **Un vêtement rose** (entre septembre et avril)
- **La cravate texane**
- **Les chemises à manches courtes**
- **La banane** / portefeuille à scratch
- **Le tee-shirt à caractère humoristique**

Les hommes s'entichent très souvent d'un vêtement monstrueux (un chapeau qui ne leur va pas du tout, un vieux pantalon à motifs africains, une paire de claquettes…).

Mais vous ne pouvez pas vous permettre de vous afficher publiquement avec eux dans ces conditions.

Comme toute négociation est impossible… (le fourbe tentera le coup du « C'est juste pour traîner à la maison ! »), **SOYEZ FERMES, JETEZ LE VÊTEMENT INCRIMINÉ !**

* Théorie de notre copine Fanny.

Tout tee-shirt à caractère humoristique est proscrit

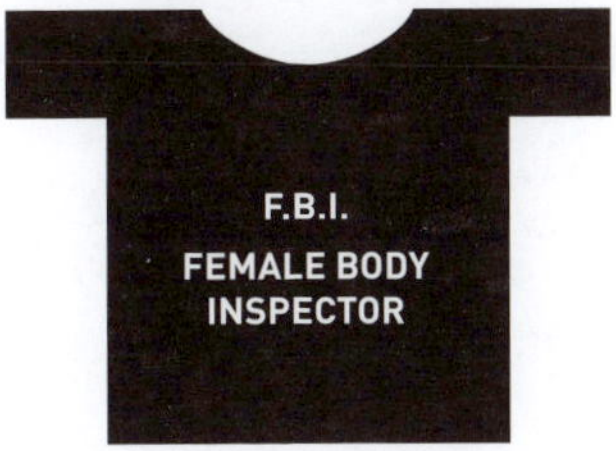

INTERDIT !!

Règle n° 24

On arrêtera de sortir avec des psychopathes sous prétexte qu'ils ont des faux airs de Mathieu Kassovitz.

On déteste les Beckham

Et tous ces couples qui ont l'air teeeellement parfaits.
Ils sont beaux, ils sont riches, ils ont des enfants magnifiques et la fâcheuse habitude de nous envoyer leur bonheur en pleine gueule !
Mais posons-nous à présent la question : **Est-ce que leur couple nous fait vraiment rêver ? Et d'ailleurs, existe-t-il un couple parfait ?**
(Si vous pensez à Chandler et Monica, nous sommes au regret de vous apprendre qu'il s'agit d'un couple fictif.)
Mais le plus énervant dans*

* Les auteurs sont dans l'incapacité de terminer ce chapitre, suite à l'annonce de la séparation définitive de Johnny Depp et Vanessa Paradis. Vous comprendrez aisément… Merci de respecter leur douleur.

Au secours ! Mon mec est radin !

Dans la liste des défauts rédhibitoires chez un homme, la radinerie est sans doute le pire !

Il est donc primordial de repérer le radin au plus tôt !

Ne pas confondre le mec radin et le mec fauché.

Cochez les cases ci-dessous si :

- ☐ Il vous propose constamment de partager l'addition.
- ☐ Il note tout ce qu'il dépense dans un petit carnet une fois rentré chez lui.
- ☐ Il a passé le Nouvel An au ski en débardeur (pour ne pas avoir à payer le vestiaire).
- ☐ Il vous demande de récupérer vos points Kit Kat (pour l'achat de 100 Kit Kat, le 101e est offert).
- ☐ Il vous a offert un « bon pour un câlin gratuit » pour Noël.
- ☐ Il garde la fin du Snickers pour plus tard.
- ☐ Il trouve que « c'est dommage de s'arrêter boire un Coca alors qu'il y en a à la maison ».

Résultat :

Vous avez coché plus de 2 cases : **ce mec est radin.**

Vous avez coché plus de 3 cases : **il risque de piquer dans votre porte-monnaie.**

Vous avez coché plus de 5 cases : **ce mec est une MERDE !**

On ne partage pas l'addition au premier rendez-vous* !

* Il n'existe pas d'exception à cette règle.

Règle n° 25

On arrêtera de croire qu'on parle couramment italien parce qu'on rajoute des "a" et des "i" à la fin des mots.

Ce soir, je passe à la casserole

La femme parfaite est toujours disposée et disponible pour un rapport sexuel avec son compagnon. Elle accomplit toujours avec un plaisir non dissimulé son **« devoir conjugal ».**

Mais nous, nous ne sommes pas parfaites !

C'est vrai… **Que celle qui n'a jamais eu la flemme « de s'y mettre » nous jette la première pierre !**

« Je le fais maintenant, comme ça, il me restera 6h30 de sommeil. »

« Hoo non, pas maintenant ! Je viens de prendre ma douche ! »

« Je vais le noter dans mon agenda qu'on l'a fait aujourd'hui pour avoir la preuve la prochaine fois qu'il réclamera… »

« Certaines fois, je passe à la casserole en me disant qu'au moins je suis tranquille pour le reste de la semaine. »

« On fait l'amour le vendredi, comme ça le samedi, je peux regarder Grey's Anatomy. *»*

« Bon, d'accord, mais vite alors ! »

Les auteurs, dans leur grande générosité, ont pensé à joindre des bons à découper « pour une dispense de rapport sexuel » à adresser à votre compagnon, les soirs de diffusion de votre série préférée.

BON POUR UNE DISPENSE DE RAPPORT SEXUEL

Ce bon est valable dès aujourd'hui et ce jusqu'à demain matin. Il dispense de rapport sexuel la personne porteuse de ce bon.

BON POUR UNE DISPENSE DE RAPPORT SEXUEL

Ce bon est valable dès aujourd'hui et ce jusqu'à demain matin. Il dispense de rapport sexuel la personne porteuse de ce bon.

BON POUR UNE DISPENSE DE RAPPORT SEXUEL

Ce bon est valable dès aujourd'hui et ce jusqu'à demain matin. Il dispense de rapport sexuel la personne porteuse de ce bon.

BON POUR UNE DISPENSE DE RAPPORT SEXUEL

Ce bon est valable dès aujourd'hui et ce jusqu'à demain matin. Il dispense de rapport sexuel la personne porteuse de ce bon.

BON POUR UNE DISPENSE DE RAPPORT SEXUEL

Ce bon est valable dès aujourd'hui et ce jusqu'à demain matin. Il dispense de rapport sexuel la personne porteuse de ce bon.

BON POUR UNE DISPENSE DE RAPPORT SEXUEL

Ce bon est valable dès aujourd'hui et ce jusqu'à demain matin. Il dispense de rapport sexuel la personne porteuse de ce bon.

Règle n° 26

On arrêtera de dire qu'on est amie avec Nikos Aliagas, simplement parce qu'il nous a acceptée sur Facebook.

Liste des questions à ne pas poser si vous ne voulez pas entendre les réponses

- **Elle est mieux que moi Sandrine ?**
- J'ai grossi ?
- **Je te manque ?**
- Tu trouves que ça me boudine ?
- **Tu as couché avec combien de femmes avant moi ?**
- Tu la trouves sexy, toi, Scarlett Johansson ?
- **À ton avis, ça m'irait en rousse ?**
- Tu aimerais que je me fasse augmenter la poitrine ?
- **Tu préfères une femme belle et idiote ou une femme laide et intelligente ?**
- Tu continues de te masturber ?
- **Qu'est-ce que tu penses d'un vieux avec une petite jeune ?**
- Est-ce que ça t'est déjà arrivé de penser à une autre femme en me faisant l'amour ?
- **Vous avez fait quoi exactement à Barcelone pour l'enterrement de vie de garçon d'Alex* ?**
- Tu crois que tous les deux c'est pour la vie ? (Surtout s'il s'agit d'un G.O. du Club Med.)

* Cf. le chapitre « Comment humilier publiquement une amie ? », p. 82.

Oups ! J'ai trompé mon mec

On connaît tous l'adage : « Sucer, c'est tromper ! »

Mais ce qu'on ignore, c'est qu'en matière de tromperie, il existe un vide juridique.

Ce n'est pas tromper quand :

- **C'est en vacances**
- **C'est avec une fille**
- **C'est avec un garçon qui a un prénom qui finit par o (Diego, Pablo, Roberto...)**

Libre à vous de continuer cette liste en vous inspirant de vos expériences personnelles.

....

....

....

....

....

....

....

....

....

....

Comment savoir qu'il va nous quitter

« J'ai rien vu venir ! »

Qui n'a jamais dit ou entendu cette phrase ?!

Mais soyons honnêtes, parfois les signes étaient là !!

- Il pleure en faisant l'amour.
- **Il nous appelle en disant : « Eh ! toi là-bas ! »**
- Il a enlevé le « en couple » sur Facebook, parce que selon lui « ça ne regarde personne ! C'est notre vie privée ».
- **Il nous appelait « Bijou », il nous appelle « Bouboule ».**
- Il n'a pas répondu à nos 47 derniers textos.
- **Il nous serre la main pour nous dire bonjour.**
- Il a changé de numéro de téléphone.
- **Quand il parle de nous, il dit « ma coloc ».**
- Toutes ses affaires disparaissent petit à petit de l'appartement et il a enlevé son nom de la boîte aux lettres.
- **Il tient à récupérer la bague qu'il nous a offerte.**
- Il a demandé à ce qu'on lui rende ses clés.
- **Il insiste pour remettre des capotes.**
- Il nous a présenté sa nouvelle copine.

Règle n° 27

On arrêtera
de manger
de la neige... jaune.

Hurt me once, shame on you !
Hurt me twice, shame on me !

Vieil adage qui signifie « Fais-moi mal une fois, honte à toi ! Fais-moi mal deux fois, honte à moi ! »

Autrement dit, un accident, ça peut arriver... Un, mais pas deux !

Rappelez-vous ce commandement, ça vous fera gagner beaucoup de temps et surtout, c'est déclinable à souhait :

Baise-moi mal une fois, honte à toi, baise-moi mal deux fois, honte à moi !

Trompe-moi une fois, honte à toi, trompe-moi deux fois, honte à moi !

Fais-moi rater ma série préférée une fois, honte à toi, fais-moi rater ma série préférée deux fois, honte à moi !

Règle n° 28

On évitera de
vouloir se faire une jupe
en carpaccio
parce qu'on l'a vue
sur Lady Gaga.

Exemples de textos de rupture

Le classique	**C'est pas toi c'est moi…**
La charade	**Mon premier est la première lettre de l'alphabet, mon deuxième est le papa de Jésus, et mon tout est le dernier mot que je te dirai.**
Le coquin	**Devine qui va se faire plaquer ?**
Le comique ringard	**C'est l'histoire d'un mec qui va se faire plaquer…**
Le taquin	**Tu vas rire… J'te quitte!**
Le maladroit (vous vous appelez Amélie)	**Léa, je te quitte!**
Le régional	**utzi dut**

L'international	**Fuck You**
Le gnangnan…	**Prends soin de toi**
… et son équivalent américain	**Take care**
Le « Je te garde sous le coude »	**On fait un break**
Le faux cul	**Je ne te mérite pas**
Le Star Wars	**C'est fini car… je suis ton père**
Le Terminator	**C'est fini but I'll be back**
Le Lara Fabian	**Tout, tout, tout est fini entre nous**
Le geek	**Game over!**

Oups ! Je suis cocue !

Nous vous épargnerons les statistiques (qui sont d'ailleurs inexistantes).

Mais en étant un peu lucides, on peut admettre que malheureusement on a toutes été, on est, ou on sera un jour :

COCUE

En être consciente ne veut pas dire l'accepter, libre à vous de passer l'éponge ou pas...

Et c'est fou, parce qu'on a beau être VICTIME de la situation, il y a toujours dans notre entourage une « connasse » pour nous rappeler que :

« Si un mec va voir ailleurs c'est qu'il n'a pas ce qu'il veut à la maison. »

« Tu sais, un homme, ça a des besoins... »

« C'est vrai qu'après ta grossesse, tu t'es un peu laissée aller... »

« En même temps, avec ton boulot, t'es presque jamais à la maison, il a dû se sentir seul. »

« Tu crois que ça a quelque chose à voir avec ta prise de poids ? »

« T'es quand même très focalisée sur tes enfants... Il n'arrive plus à trouver sa place ! »

« Bon... Je t'avoue qu'on avait tous des doutes ! On en parlait d'ailleurs assez souvent entre nous... »

Nous n'ignorons pas les réactions suscitées par la lecture de ces quelques lignes, mais soyez indulgente vis-à-vis de la « connasse »... Elle sera sûrement un jour à notre place*.

* Et on s'en réjouit, hihi !

Règle n° 29

On arrêtera de dire :
« Je lâche tout !
Je reste ici ! Je ne rentre pas à Paris ! »
chaque fois qu'on part en vacances.

Rupture : les 7 phases du deuil

Une rupture est toujours un moment douloureux. Qu'y a-t-il de plus tragique que la perte de l'être aimé ? Et même si nous avons toutes l'impression que « nous c'est différent... » ou que « les autres ne peuvent pas comprendre ! ».

Ou encore qu'« on ne retombera plus jamais amoureuse, alors ça, plus jamais ! ».

Une chose est sûre, on passe toutes par les mêmes étapes :

La célèbre psychiatre suisse-allemande **Elisabeth Kübler-Ross** a observé 7 phases du deuil.

1. **Le choc**
2. **Le déni**
3. **La colère**
4. **La tristesse**
5. **La résignation**
6. **L'acceptation**
7. **La reconstruction**

Dans un langage plus clair, ça donnerait :

1. **« Oh mon Dieu, Julien m'a quittée !! »**
2. **« En fait, il ne m'a pas vraiment quittée... On fait un break. »**
3. **« Il va me le payer ce Biiiiip ! »**
4. **« Je vais mourirrrrr... »**
5. **« C'est peut-être mieux comme ça... »**
6. **« Tu sais quoi, il m'a rendu service ! »**
7. **« Je viens de m'inscrire sur un site de rencontres. »**

Rupture : nos 7 phases à nous

N'en déplaise à Mme Elisabeth Kübler-Ross, tout ça reste très théorique...

Alors, essayez plutôt nos 7 étapes :

1. L'étape du « Mojito » :

« Les filles ! Ce soir je veux être complètement saoule ! »

2. L'étape du « qu'il voie ce qu'il loupe » :

« Je dois le voir demain, il faut que je sois SU-BLI-ME ! »

3. L'étape de la « vengeance » :

« Je vais coucher avec son pote Paul juste pour l'emmerder ! »

4. L'étape du « gnangan » :

« C'est dingue ! Je me sens totalement en phase avec les chansons de Lara Fabian. »

5. L'étape du « limite pathétique » :

« Je suis allée chez Sephora pour sentir son parfum. »

6. L'étape du « nouveau look pour une nouvelle vie » :

« Je vais me faire blonde ! »

7. L'étape « vacances » :

« Allez les filles ! On part une semaine au Club Med ! »

La loi des ex

« Tu ne convoiteras pas l'ex de ton amie* ! »

Évangile selon Martine.

(La légende dit que cet évangile aurait été perdu lors d'un déménagement.)

Sont donc proscrits les ex de nos copines ainsi que les membres de leur famille jusqu'au troisième degré inclus.

Exceptions :

- Si la fille en question est déjà sortie avec votre ex ou avec un membre de votre famille
- Si la fille en question n'est qu'une « vague connaissance »
- Si la fille en question est une connasse

* Convoiter = pécho.

Règle n° 30

On ne dira plus :
« J'ai un gros cul »,
mais :
« J'ai le même cul que
Jennifer Lopez. »

Remerciements

Aux Woo girls d'abord, à Céline, Prunes, Audrey et Gaëtane pour leur amitié, à Benj, Arek, Raph et Fanny, aux membres du « Connasse Comedy Club », Christine Berrou*, Bérengère Krief, Nadia Roz et Nicolas Vital, à Nabila pour son soutien, Christophe Absi pour sa confiance, et à toutes celles et tous ceux qui nous ont inspiré ce livre, ils se reconnaîtront !

---

* « Aucun animal n'a été blessé lors de l'écriture de ce livre. »

La femme parfaite est une connasse ! 2

Le retour

Parce que la connasse
ne meurt jamais…

À vous.

« On dirait que Benjamin voudrait qu'on soit appréciés par tout le monde. Même Led Zep n'écrivait pas des chansons universelles ; ils ont laissé ça aux Bee Gees. »

Wayne's World

« Soyez vous-même, les autres sont déjà pris. »

Oscar Wilde

Préface

Guide de survie pour les femmes normales, acte 2. Voici enfin le deuxième opus d'une « bible » hors normes. Croyez-moi, ce n'est pas si simple d'aller au bout d'un tel projet. De faire imprimer en toutes lettres « connasse » sur la couverture d'un livre dont le premier tome – personne n'aurait pu le deviner – a rencontré un tel succcès. Et d'écrire finalement noir sur blanc ce que des millions de femmes pensent tout bas !

Anne-Sophie et Marie-Aldine sont dans la vie à l'image de ce livre : à vos côtés dans les joies comme dans les peines, distillant leurs judicieux conseils, se réjouissant de votre réussite. Par amitié, elles vous défendront dans n'importe quelle situation, quoi qu'il se soit réellement passé (on taira ici les détails hasardeux de quelques soirées). Elles iront jusqu'à vous décoller l'étiquette de prix sur la semelle de vos escarpins (je suis d'accord sur le fait que ce soit très laid).

Quand on les rencontre pour la première fois, on pourrait se dire : « En voilà des femmes parfaites. » Et pourtant, ce sont bien Marie-Aldine et Anne-Sophie qui m'ont appris que la perfection n'existait pas. C'est dans cette optique qu'elles ont décidé de nous proposer ce guide de survie, pour tourner en dérision nos imperfections.

Je vous le disais, elles sont dans la vie comme dans ce livre, les sœurs Girard, elles donnent sans compter, sans rivalité, en toute amitié. À vous d'en profiter !

Gaëtane Deljurie

Avant-propos

Ce livre est un guide à l'usage de la femme imparfaite.

Il s'agit de la suite de *La femme parfaite est une connasse !* mais il est totalement possible de comprendre l'intégralité du contenu de ce livre si vous n'avez pas lu le premier opus (un peu comme pour les *Saw* ou les *Police Academy*).

Le but de ce livre est de continuer à s'attaquer à celle qui nous fait nous sentir si nulle... La « femme parfaite ».

Eh oui les filles, la lutte continue, parce que la femme parfaite est toujours là, à rôder, dans un seul but : nous faire culpabiliser.

C'est donc pour toutes ces raisons que nous avons décidé de vous présenter ce deuxième tome :

LA FEMME PARFAITE EST UNE CONNASSE ! 2
LE RETOUR
Parce que la connasse ne meurt jamais

La tâche n'était pas facile, la peur de décevoir... Et puis, nous nous sommes posé la question suivante : si on avait su que *La femme parfaite est une connasse !* rencontrerait autant de lecteurs, l'aurions-nous écrit différemment ?

La réponse s'est imposée à nous lors de l'écriture de ce second livre. Et cette réponse est NON. Nous avons écrit *La femme parfaite est une connasse !* pour faire rire nos copines, et **nous avons simplement découvert qu'on avait beaucoup plus de copines qu'on ne le pensait !**

Règle n° 1

On évitera de faire un doigt d'honneur quand on porte une moufle.

La femme parfaite est mystérieuse... elle !

Alors qu'un simple merci suffirait, face à un compliment, nous sommes incapables de garder cette part de mystère qui nous serait pourtant salutaire.

« Ça te va bien les cheveux attachés ! »

C'est parce qu'ils étaient sales.

« Tu veux un chewing-gum ? »

Non merci, ça me donne de l'aérophagie.

« Ils sont jolis tes collants noirs. »

Oui, avec les collants couleur chair, on voyait ma varice.

« Il est trop beau ton sac ! »

Oui, 17 euros chez H&M.

« Elles sont belles tes chaussures ! »

Oui, elles cachent mes oignons.

« Dis donc, t'as bien réussi ! »

Oui, bon... de là à dire que je l'ai fait honnêtement...

« Tu as une jolie bibliothèque. »

Ouais, mais je les ai pas lus, c'est juste pour la déco.

« Tu chantes vachement bien ! »

Ouais, mais c'est parce que je suis bourrée.

« T'es vachement belle ! »

Ouais, mais c'est parce tu es bourrée.

« Tu es magnifique dans ta robe moulante ! »

J'ai mis une gaine, mais ça me fait mal au ventre… ça me donne envie de péter.

« C'est beau ce que tu viens de dire, c'est de toi ? »

Non, c'est Poupette dans La Boum.

« Tu as toujours voulu être comédienne ? »

Non, en fait, je voulais faire de la danse mais j'étais trop grosse.

« Ça m'impressionne que tu saches ça… »

Je viens de regarder sur Wikipédia.

« Elle est chouette ta jupe ! »

On dirait du cuir mais c'est du simili, un coup d'éponge et hop !

« Merci pour le dîner ; je me suis régalée. »

Dis merci à Picard.

« Il est délicieux ton vin blanc, je te ressers ? »

Non merci, ça me donne des cystites.

Éviter aussi de répondre « IL PEUT ! »

« Il est beau ton sac…
– ***Il peut !*** »

« Il est gentil ton fils…
– ***Il peut !*** »

« Ils sont beaux tes seins…
– ***Ils peuvent !*** »

La «*target*»

***Target* = terme anglais désignant la «cible».**
La «*target*» est notre cible, celui sur qui nous avons jeté notre dévolu.

Il y a pire qu'être célibataire, c'est de ne pas avoir de *target*, quelqu'un qui nous plaît.

Sans *target*, qui va nous donner envie de bien nous habiller le matin ? De nous faire jolie avant de sortir ?

(C'était évidemment de la pure rhétorique... Bien sûr que nous n'avons besoin de personne, mais «avoir une target *c'est chouette !»)*

En soirée, on se débrouille pour être constamment dans son champ de vision pour voir s'il nous regarde. *(Ça fait passer le temps quand c'est une soirée pourrie.)*

Témoignages :

«Je me suis trouvé une target *au boulot, ça me motive à y aller tous les matins, et j'espère le croiser à la machine à café.»*

«Quand j'arrive en boîte, la première chose que je fais, c'est faire le tour pour me trouver une target *; après, je n'ai plus qu'à danser sur le podium pour être dans son champ de vision.»*

«Le matin, je me lève et je me dis que je vais sûrement le croiser et ça me motive pour me laver les cheveux.»

N.-B. : Non, avoir une *target* n'est pas tromper.
Il n'est absolument pas nécessaire d'être célibataire pour en avoir une. C'est vrai, ça mange pas de pain d'avoir une petite motivation qui nous pousse à ne pas venir au boulot/lycée en pyjama.

Règle n° 2

On évitera de dire :
« La chance ! 3 kilos
avant l'été ! »
quand notre collègue
nous annonce
qu'elle a une gastro.

Je peux mourir si je ne m'achète pas ce sac !

« Le manque de sens des proportions » est un problème d'échelle dans nos réactions qui nous pousse à agir de façon plutôt étrange, voire flippante.

On est, par exemple, capables de hurler et de se rouler par terre de joie parce qu'on a vu une coccinelle bleue.

« Je pense que mon manque de sens des proportions vient du fait que quand j'étais petite, ma mère me disait : "Si tu ne manges pas ton Flanby, tu vas être mangée par les ours !" »

Exemples de réactions à différentes annonces (évaluation sur 10)

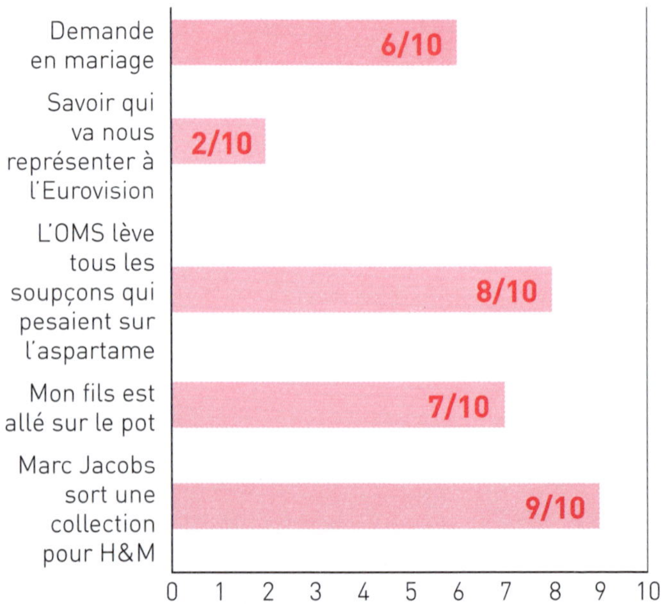

Les mecs qui se remettent trop vite de notre séparation

Une séparation est toujours difficile, qu'on en soit à l'initiative ou pas.

Dans la théorie, nous ne voulons aucun mal à notre ex-petit ami, mais dans la pratique, il est humain de lui souhaiter du mal, ou pire... un herpès.

Lorsque la séparation se passe bien, nous devrions souhaiter que notre ex continue tranquillement sa vie, qu'il soit heureux... Pourtant, quelque chose au fond de nous (que nous appellerons ici « notre double maléfique »*), nous pousse à souhaiter que notre ex vive mal notre séparation.

Malheureusement notre ex ne connaît pas les convenances, alors qu'il devrait être au fond du trou, terrassé de douleur, se repassant en boucle les souvenirs de notre relation... Il va bien ! Certains iront même jusqu'à dire qu'ils ne l'ont jamais vu aussi heureux de toute sa vie !

Questions qui se bousculent dans notre tête :

- *Comment fait-il pour continuer à vivre sa vie comme si de rien n'était ?*
- *Comment vais-je me débrouiller pour qu'il me croise avec un mec hyper canon ?*
- *Comment vais-je m'habiller quand je vais le revoir pour qu'il puisse prendre toute la mesure de ce qu'il rate ?*

En fait, on voudrait qu'il reste toute sa vie amoureux de nous... OK, on est des psychopathes.

---

* Voir le chapitre « Le retour de la "badass" », p. 300.

Comment savoir qu'il faut fuir cette soirée ?

- Tout le monde est bourré... sauf vous.
- **Personne n'est bourré... sauf vous.**
- Vous êtes la seule personne déguisée.
- **Il n'y a plus rien à boire à 23h.**
- Il n'y a que des célibataires et vous allez encore passer pour la meuf chiante qui traîne son mec partout.
- **On vous demande de quitter vos chaussures à l'entrée.**
- On vous demande de parler « un peu moins fort ».
- **Un des invités a mis sa cravate autour de la tête.** *(Parce qu'il est foufou.)*
- Il n'y a que des couples, vous êtes la seule célibataire... L'horreur !!
- **Les mecs de la soirée ont commencé à enlever leurs tee-shirts.** *(Exception faite des rugbymen du Sud-Ouest qui, eux, ont le droit. C'est même fortement recommandé.)*

- Quelqu'un a changé la musique alors que vous commenciez à entamer votre fameuse chorégraphie sur *Toxic* de Britney Spears.

- **L'hôtesse a décidé de vous montrer ses albums de vacances «avec les cousins à La Baule».**

- Les invités bossent tous dans la même boîte et ont beaucoup d'anecdotes sur «Gilles de la compta».

- **Il s'agit d'un buffet végétarien faible en calories.**

- Vous vous rendez compte que les hôtes ont organisé un combat de chiens.

- **Alors que vous avez mis votre robe spéciale NRJ Music Awards... Tout le monde est en short et en espadrilles.**

- L'un des invités a décidé d'improviser un slam.

- **Vous vous réveillez au milieu de la soirée dans une baignoire pleine de glace avec un rein en moins.**

- Les invités sont tous nus et portent des masques de catcheurs mexicains.

- **Il n'y a que des gens qui n'ont pas ri en lisant *La femme parfaite est une connasse !***

FUYEZ !!

Règle n° 3

On attendra un an et un jour avant de dire ce qu'on pensait réellement de l'ex de notre amie.

On a notre propre sens de l'orientation

Il existe une vieille rumeur misogyne selon laquelle les femmes n'ont pas le sens de l'orientation… Il est temps de rétablir la vérité !

Ce n'est pas qu'on n'a pas le sens de l'orientation, c'est juste que certaines d'entre nous ont leur propre façon de s'orienter*.

C'est pourtant pas compliqué de s'exprimer simplement. Quand on dit « C'est dans la rue de Zara », tout le monde comprend !

« Tu descends la rue… »

Une phrase toute simple comme : « Tu descends la rue » peut être sujette à interprétation. En clair, pour nous, ça reste flou, alors soyez précis :

- Descendre comment ?
- La rue est-elle en pente ?
- Les numéros de la rue descendent-ils ?
- Tu vas dans le sens des voitures ?

Lorsqu'on sort d'un magasin ou d'un ascenseur et qu'on repart inévitablement dans le même sens (le mauvais**), cela peut effectivement être assimilé à un manque de sens de l'orientation, mais c'est le seul cas que nous avouerons ici.

Nous aurons alors une pensée émue pour nos conjoints qui nous répètent à longueur de temps : **« Non, c'est par là ! »**, pour s'entendre répondre, avec une mauvaise foi absolue : **« Oui, ben ça va, je sais ! »**

* Principe de la mauvaise foi.

** Faisant partie de cette catégorie, les auteurs compatissent sincèrement.

La femme parfaite n'est jamais déprimée

La femme parfaite est toujours d'humeur constante, heureuse, épanouie.

Alors que nous... On va pas s'mentir, c'est pas toujours la fête.

Au mieux, on a une petite déprime saisonnière, au pire :

- **Plus envie de rien.**
- Crise d'angoisse.
- **Regarder notre chat en se disant qu'on aimerait bien avoir sa vie.**

  (Sa vie se résumant à dormir, manger et s'extasier devant une boulette de papier.)
- Passer du rire aux larmes, au rire, aux larmes... Tout ça en une minute.
- **Envie d'égorger tout le monde... même ses propres enfants... SURTOUT ses propres enfants !**
- Cette envie de pleurer tout le temps, même devant une publicité sur une boîte de maïs.
- **Ce regard bovin fixé dans le vide, qui semble dire : « Achevez-la, vous voyez bien qu'elle souffre ! »**

La femme parfaite, elle, ne connaît rien de tout ça...

Phrases de connasse :

- *« Tu sais, quand on veut on peut. »*
- ***« Ça va aller. »***

  (Oui, sûrement que ça va aller un jour, mais là, maintenant, tout de suite, j'ai comme une envie de mettre ma tête dans le micro-ondes.)
- *« Tu as pourtant tout pour être heureuse. »*
- ***« Ça, c'est dans la tête... »***
- *« Tu sais, ceux qui travaillent au fond des mines n'ont pas le temps d'être déprimés. »*
- ***« Faut s'remuer ! »***
- *« Prends-toi en main. »*
- ***« Souris à la vie, et tu verras, la vie te sourira. »***

STOP ! Les gens qui vont toujours bien, ça n'existe pas !

Vous penserez à ça la prochaine fois que vous pleurerez en écoutant *All by myself* tout en mangeant un pot de glace dans votre pyjama pilou*.

* À condition évidemment que vous fassiez des dépressions comme dans les comédies romantiques américaines.

Les textos entre copines

Étape 1 : La validation d'un texto ou « *Comment polémiquer 23 minutes sur l'éventuelle utilisation du terme "coucou" en introduction* ».

Rappelez-vous que la capture d'écran est une formidable avancée dans notre psychopathie (ou transfert, copier/coller...) lorsque vous voulez raconter vos aventures à vos amies, ça évitera tout manque de précision qui pourrait avoir d'énormes conséquences.

Étape 2 : « Mais sois précise ! Il t'a écrit "je t'appelle" ou "on s'appelle" ? »

Étape 3 : *« Pourquoi je lui ai envoyé ça ?!!! »*

- Message nul
- Message incompréhensible
- Message insultant

Ou quand on a essayé de faire une vanne qui s'avère (par ordre de gravité) :

1. Nulle

2. Super connue

3. Raciste

4. Super connue, nulle et raciste (et/ou à connotation sexuelle)

Témoignages :

« Vas-y, je te l'envoie d'abord et tu me dis ce que tu ressens quand tu l'ouvres, quand tu le découvres... »

« Il m'a pas répondu depuis 14 secondes... Il me hait. »*

* Cf. Le sens des proportions « Je peux mourir si je ne m'achète pas ce sac ! », p. 182.

L'enfant de notre amie est insupportable*

« Mon fils cherche le contact, c'est sa façon à lui d'attirer l'attention. »

Haaan, d'accord, moi qui croyais que ton fils de 3 ans venait juste de te donner un coup de poing en t'insultant.

« Tu as vu, il réussit à faire des phrases. »

Oui, en même temps, il a 7 ans.

« J'allaite à la demande et surtout le plus longtemps possible. »

Et ça ne te fait pas mal avec son appareil dentaire ?

« Je la laisse s'exprimer, car je ne veux pas que Marika soit frustrée. »

Oui, tu as raison, ce serait dommage de ne pas la laisser se rouler par terre en hurlant...

« Mon fils est en échec scolaire, mais je pense que c'est parce qu'il est surdoué. »

Écoute, pour très bien connaître ton fils, je peux t'assurer que ce n'est pas pour ça...

« Mathis est hyperactif. »

Ah, c'est comme ça que tu appelles « insupportable ».

« Je ne veux pas que ma fille fréquente ce genre de garçon. »

En même temps, c'est elle qui lui vend son crack.

« J'ai insisté auprès de la maîtresse de Léopold pour qu'il saute une classe. »

Elle a rigolé ?

« Je ne le gronde jamais, il doit faire ses propres erreurs. »

Mais il vient de tuer un bébé chat là, quand même...

---

* À bien y penser, ce n'est peut-être pas L'ENFANT de notre amie qui est insupportable...

Règle n° 4

On arrêtera de dire :
« Ça vous dit qu'on monte un bar tous ensemble ?! »

TEST : Quel sociopathe êtes-vous ?

Cochez les cases ci-dessous si :

- ☐ Vos ex-petits amis déposent régulièrement des mains courantes contre vous et/ou Interdiction d'approcher à plus de 50 mètres.
- ☐ Vous avez donné à votre enfant un des prénoms de la série *Les Feux de l'amour*.
- ☐ Vous collectionnez les figurines des œufs Kinder et les disposez le long du tableau de bord de votre voiture.
- ☐ Vous offrez des Smartbox.
- ☐ Vous avez tué plus de deux personnes ces deux dernières années.
- ☐ Vous n'aimez pas le rosé.
- ☐ Vous connaissez les noms et prénoms de tous les personnages des séries AB Productions.
- ☐ Vous aimez torturer des petits animaux.
- ☐ Vous reprenez les autres : « On ne dit pas *par contre*, on dit *en revanche*. »

Résultat :

- Vous avez coché entre 0 et 2 cases :
  Vous n'êtes pas plus sociopathe que nous.
- Vous avez coché entre 2 et 4 cases :
  Vous avez quelqu'un autour de vous à qui vous pouvez en parler ?
- Vous avez coché 5 cases ou plus :
  Lâchez ce livre et éloignez-vous tout doucement...

Pense-bête à l'usage des filles qui veulent mieux comprendre les connasses

ELLE DIT... **ELLE PENSE**

C'est tout à fait ton style.

Tu as un style dégueulasse et/ou de merde.

Samedi ? Pourquoi pas, à voir...

À voir... si vraiment j'ai rien de mieux à faire.

C'est pas du tout comme ça que j'imaginais ton mec.

Il est moche.

Tu n'es peut-être pas faite pour les études.

C'est grave ! C'est très très grave ! Tu vas finir sur le trottoir !

Elle est rigolote cette fille !

C'est vrai qu'elle amuse la galerie, mais pourquoi se sent-elle obligée de se donner en spectacle comme ça ?

C'est original comme prénom Marie-Aldine.

C'est surtout imprononçable.

Tu es drôlement sexy.

***Vulgaire ! C'est « vulgaire »
le mot que je cherchais en fait.***

Je ne le porterais pas, mais ça te va bien.

***Je me demande même comment
tu oses le porter.***

Ton mari est plombier ?! Il en faut...

***Mais tu oses le dire, comme ça,
devant tout le monde ?!***

Ton fils est mécanicien ?! Il en faut...

***Mon Dieu, heureusement que mon fils
ne fait pas ça, il fait des études de philo*.***

* Études de philo ou mécanique... Voyons, voyons, lequel aura le plus de débouchés ? (On sent bien l'ironie ?!)

On va pas s'mentir !

On va pas s'mentir, en tout cas pas ici... Pas dans ce livre ! On doit avouer que :

- On se met à **chanter devant notre glace** pendant les pubs de *The Voice* en imaginant être devant le jury *(ou ÊTRE le jury).*
- On a voulu se mettre au **surf** parce qu'on a vu le film *Point Break*.
- On retravaille régulièrement notre **discours de remerciement aux César.** *(On aurait préféré les Oscars, mais il fallait faire un discours en anglais.)*
- On danse dans notre salon pendant *Danse avec les stars*. « Je mérite **au moins un 8** avec ce *chacha*, large ! »
- On craque littéralement sur les **photos/vidéos de chats.** *(Et on force tout le monde à les regarder et à répondre à la question : « Est-ce que tu as déjà vu quelque chose d'aussi mignon ? »)*
- On a voulu se mettre à **l'archéologie** après avoir vu *Indiana Jones. (Pour enfin pouvoir porter un chapeau en cuir et avoir l'air cool.)*
- On s'est demandé **à quelle maison de Harry Potter** on appartenait. *(Pour info, les auteurs n'appartiennent pas à la même maison puisque l'une d'entre elles est une Serpentard et l'autre une Gryffondor).*

P.-S. : Un débat « Sommes-nous des **Lannister ?** » a été ouvert durant l'écriture de ce livre, mais les auteurs n'ont pas donné suite.

L'homme parfait est un connard !

Suite au premier opus *La femme parfaite est une connasse !*, un grand nombre d'entre vous nous ont demandé : « À quand *L'homme parfait est un connard* ? »

Nous sommes au regret de vous annoncer que ce livre ne verra pas le jour*.

Et ce pour trois raisons :

1. Parce que **l'homme parfait n'existe pas.**

2. Parce qu'un homme parfait ne nous filera **jamais autant de complexes** qu'une femme parfaite.

3. Parce que si nous avions dû écrire ce livre, il se serait intitulé :

L'HOMME PARFAIT EST UNE CONNASSE !

* Nous sommes conscientes de la déception que peut engendrer une telle déclaration, cependant, si l'une d'entre vous connaît ou a dans son entourage un spécimen d'« homme parfait », qu'elle n'hésite pas à nous faire parvenir son témoignage, nous reverrons alors peut-être notre jugement.

Règle n° 5

*En vacances,
on sortira en priorité
avec des étrangers,
comme ça avec notre
niveau d'anglais,
s'ils sont complètement
crétins, on ne s'en rendra
pas compte.*

La théorie du « Oh, ça vaaa ! »

Quand on décide sagement de rentrer d'une soirée entre amis, il y a toujours l'un d'eux pour tenter de supprimer le terme « sagement » de notre vocabulaire.

On l'appelle le pote « Oh, ça vaaa ! ».

Vous le reconnaîtrez aisément par ces deux phrases :

« Oh, ça vaaa ! C'est pas une heure de plus ou de moins... »

« Oh, ça vaaa ! C'est pas un dernier verre qui va te... Hein ?! »

<u>**Il joue sur différents tableaux :**</u>

- **La générosité :**

  « Oh, ça vaaa ! Prends un dernier verre ! C'est pour moi, ça me fait plaisir ! »

- **La culpabilité :**

  « Oh, ça vaaa ! Pour une fois qu'on se voit. »

- **L'agacement :**

  « Oh, ça vaaa ! Mais merde, on n'a qu'une vie ! »

- **La confiance :**

  « Oh, ça vaaa ! Ce qui se passe à Barcelone reste à Barcelone. »

- **Le reproche :**

  « Oh, ça vaaa ! Tu sais quoi, t'as changé... »

- **La philosophie :**

  « Oh, ça vaaa ! On dormira quand on sera mort. »

P.-S. : C'est peut-être lors d'une soirée avec votre pote « Oh, ça vaaa ! » que s'est cachée votre dignité.

Se faire voler le nom de son futur enfant

Si quelqu'un vous révèle le prénom qu'il désire donner à son futur enfant, vous aurez dès lors INTERDICTION de l'envisager pour le vôtre, et ce, pour le reste de votre existence. *(On ne peut pas être plus claires.)*

On vous voit venir... Oui ! Même si c'est avec une orthographe différente !

« Pppfff ! ! Mais ça n'a rien à voir ! Mon fils c'est Matthys ! Avec deux T et un Y... »

Non, c'est pareil.

S'applique également aux :

- Thèmes de mariage.
- Thèses de doctorat (pour les plus zélés).
- Tatouages.
- Orientations sexuelles.

« J'étais gay avant toi !! Faut vraiment que tu fasses tout comme moi ! »

Les auteurs, dans leur grande générosité, ont pensé à joindre des bons à découper. (Bon pour un veto sur prénom)

Vous trouverez 3 bons à découper sur lesquels vous écrirez le prénom que vous souhaitez donner à vos futurs enfants et que personne d'autre n'aura le droit d'attribuer. (Même si orthographe différente !)

BON POUR UN VETO SUR PRÉNOM

Nul n'aura le droit de donner le prénom inscrit au dos de ce bon à son futur enfant. (Même si orthographe différente.)

BON POUR UN VETO SUR PRÉNOM

Nul n'aura le droit de donner le prénom inscrit au dos de ce bon à son futur enfant. (Même si orthographe différente.)

BON POUR UN VETO SUR PRÉNOM

Nul n'aura le droit de donner le prénom inscrit au dos de ce bon à son futur enfant. (Même si orthographe différente.)

PRÉNOM DÉPOSÉ :

PRÉNOM DÉPOSÉ :

PRÉNOM DÉPOSÉ :

On se fait des films

Se faire des films = action qui consiste à se projeter (s'imaginer des choses, à faire un rêve éveillé).

Qui ne s'est jamais refait 12 fois le même scénario dans sa tête ? Celui du beau brun, champion de surf, qui insiste pour donner votre nom à sa planche préférée et qui, sublime... (Au temps pour nous, on s'égare).

> *« J'adore me faire des films en m'endormant. Mon préféré c'est celui où j'ai un nouveau voisin avec qui je vis une grande histoire d'amour. »*

> *« C'est compliqué de se faire un film avec une star américaine parce que je parle mal anglais et que Colin Farrell qui parle français, c'est pas vraiment crédible. »*

Oui, tu as raison, alors que de voir débarquer Colin Farrell sur la place de la mairie de Grenoble pour t'inviter en week-end, ça, c'est crédible...

> C'est vrai que la barrière de la langue est un vrai problème, c'est pourquoi apprendre que Bradley Cooper parle français a été un vrai soulagement pour nous toutes.

Dans nos films on peut s'imaginer tenir tête à notre patron, sauver un enfant de la noyade, être encore l'héroïne du prochain épisode de *Freddy*. (Ouais, que des trucs cool !)

> *« Perso, j'ai déjà reçu 8 Emmy Awards, 4 César et 2 Victoires de la musique. »*

> *« J'ai eu le prix Nobel 2 fois, avec mention. »*

> *« Je me suis déjà fait le film que mon mec mourait... Mais un truc classe, en sauvant des enfants d'un hôtel en flammes... Un véritable héros américain. »*

Cette coiffeuse est une connasse !

Liste des phrases qu'on ne supportera plus d'entendre venant de notre coiffeuse :

« On fait un soin ? »

Non merci, surtout sachant que votre soin coûte l'équivalent de 18 fois le SMIC horaire mexicain. *(Vous cassez pas, on a fait le calcul.)*

« On fait un balayage "Éclat lumière californien" ? »

Oui, mais alors, vous voyez les grosses mèches jaunes que vous avez sur la tête ? Eh bien, je voudrais tout sauf ça !

« Je vais vous les couper au rasoir, c'est une nouvelle technique. »

Essayez déjà de le faire correctement avec des ciseaux et après on verra.

« On coupe les pointes ? »

Sachez que la coiffeuse n'a pas la même notion de grandeur que nous, 2 cm n'égalent pas forcément 2 cm... *(Mais il faut avouer que quand on dit « coupez-m'en une pétoule », c'est pas très clair non plus.)*

« Ça va ? »

Pourquoi ?! Parce que je pleure à chaque fois que vous donnez un coup de ciseaux et que je me répands dans votre salon... « Ma vie est finie vous entendez ! Ma frange est beaucoup trop courte maintenant ! »

« J'ai été obligée de couper plus que prévu parce qu'ils étaient vraiment abîmés. »

Alors écoutez-moi bien, si vous étiez chirurgien et que vous aviez découvert une vilaine tumeur, là... et seulement là... vous auriez été en droit de prendre une telle initiative.

Mensonges de coiffeuse

Mensonges de coiffeuse :

« Ça va dégorger. »

« C'est très tendance l'auburn. »

« Plus on coupe souvent, plus ça pousse. »

« Ça vous va très bien la coupe mulet. »

On l'a toutes voulu :

- Le carré de Samantha Micelli dans *Madame est servie*.
- La frange pin-up de Betty Page.
- Le dégradé de Rachel Green dans *Friends*.
- Le tie and dye. (Ce qui pour beaucoup d'entre nous se résumait malheureusement à de très grandes racines.)

Accidents capillaires : *OK, pour l'instant c'est cool, mais croyez-nous, on en rira dans quelque temps.*

- La crête.
- La mèche longue plaquée devant avec des barrettes et court derrière.
- Le rasé sur le côté.
- La coupe mulet.
- Le tie and dye.

Note de l'auteur : Un big up à ma coiffeuse qui m'a vue passer du blond au roux et du brun au blond sans jamais me juger... Ou alors pas ouvertement.

Règle n° 6

On arrêtera de penser que notre balance est cassée.*

* Et on évitera de se précipiter pour en acheter une nouvelle.

La chaise magique

Que faire d'un vêtement lorsque nous ne l'avons porté qu'une journée ou quelques heures ?

- Est-il propre ?
- Est-il sale ?
- Doit-on le ranger ou le laisser sorti ?

C'est le genre de questions existentielles que l'être humain se pose chaque jour, le genre de préoccupations capables de nous tenir éveillées des nuits entières.

Et c'est pour cela qu'a été mis au point le concept de :

LA CHAISE

Il faut cependant savoir que la « chaise » a son équivalent chez les hommes : la « chaise magique ». Il n'y a qu'une seule règle :

Un vêtement « sale » posé sur une chaise redeviendra, comme par magie, « propre » 3 jours plus tard.

Comment savoir qu'on n'était pas populaire au collège ?

Pour les adolescents, le niveau de popularité revêt une importance majeure. L'étudiant.fr définit le fait d'être populaire par : « Paraître cool, connaître tout le monde, être imité, voire envié... »

<u>Quelques indices qui prouvent que nous ne l'étions pas :</u>

- **Notre surnom à l'époque était : la « folle ».**
- Cette connasse de Virginie Présiado nous a un jour appelé la « vache » ; les autres collégiens ont fait « meuh » pendant 4 ans en nous croisant.
- **Personne n'a jamais écrit dans notre agenda.**
- On n'était pas invité aux fêtes... Ou alors seulement parce que la fête était chez nous ou qu'on fournissait l'alcool *(ou autre...)*.
- **On a décrété un jour ne pas aimer fêter notre anniversaire tout ça parce qu'on avait la trouille que personne ne vienne.**
- Le prof nous demandait de surveiller nos camarades quand il sortait un instant de la classe.
- **On était inscrit au club lecture/CDI/Maracas...**
- On avait une doudoune « Quevignion », un jean « Levas » et des baskets « Adidous ».
- **Le prof ne citait jamais notre nom en faisant l'appel.**
- Personne ne remarquait notre absence.
- **Notre seul ami était Toofic, notre ami imaginaire.**

- On était choisi en dernier en sport.
- **Une rumeur disait qu'on avait la gale** *(mais c'était de l'eczéma)*.
- Personne ne nous gardait une place à la cantine *(sauf la dame de la cantine, notre confidente)*.
- **On nous a appelé « le nouveau » pendant 5 ans parce qu'on est arrivé le lendemain de la rentrée.**
- Un élève a volontairement mis le feu à nos cheveux.
- **C'est notre numéro de téléphone qui était écrit dans les toilettes sous l'inscription « Je suce pour un BN ».**
- Notre père était prof dans notre collège.
- **Un jour, Nadia nous a dit que Julien voulait sortir avec nous... Mais elle s'était trompée de fille.**
- On déjeunait seule. Dans les toilettes.
- **On nous demandait automatiquement de « garder les sacs ».**

Soyez patiente, le collège ne dure pas toute la vie...
la roue tourne*!

---

* Voir « La star du collège vieillit mal », *La femme parfaite est une connasse !* Vol 1., p. 104

Règle n° 7

On verra
le soutien-gorge
à moitié plein
plutôt qu'à moitié vide !

Règle n° 8

On arrêtera de voir une « mi-molle » là où on pourrait voir une « mi-dure ».

La théorie du « *fading* »

Le « *fading* », terme anglais que nous traduirons par « dégradation ».

Dans un couple, c'est le moment où tout ce que fait notre conjoint nous énerve au plus haut point. Tout, chez lui, nous devient insupportable.

Exemple : ***« C'est dingue comme tu respires fort !! »***

Avant	*Maintenant*
Il est sportif	Il sent la transpiration
Il est travailleur	Il n'est jamais là
Il ne boit pas d'alcool	Il est chiant
Il a un petit pénis mais sait bien s'en servir	Une petite bite reste une petite bite
J'adore son accent italien	C'est pourtant pas compliqué de prononcer correctement CHIROPRACTEUR
Il est attachant	Il est collant
C'est un artiste	Il vit à mes crochets

La femme parfaite est discrète… elle !

Quelle ne fut pas notre surprise lorsqu'on a demandé à un ami les qualités qu'il recherchait chez une femme et qu'il a répondu, notamment, « la discrétion ».

Malheureusement, le mot « discrète » ne fait pas partie de notre vocabulaire.

Listes de trucs à éviter pour être considérée comme « discrète » :

- **Se moucher très fort.**
- Crier : « Oh mon Dieu !!!! Mais qu'il est trop mignon ce trombone rose !! »
- **Se rouler par terre quand on a envie d'un TUC*.**
- Secouer énergiquement ses bras dans tous les sens pour attirer l'attention de quelqu'un.
- **Éternuer dans ses mains.**
- Porter des chapeaux rigolos *(ou faits soi-même)*.
- **Remonter son collant en pleine rue.**
- Couper son collant sur les côtés *(ils sont toujours beaucoup trop serrés à la taille !)*.
- **Placer du papier toilette sur la cuvette et en garder un morceau collé contre la cuisse** *(chut… les hommes ne sont pas au courant qu'on fait ça)*.
- Aboyer après ses enfants en les menaçant d'une mort tragique s'ils ne restent pas assis dans le Caddie.
- **Ouvrir le premier bouton de son jean à table.**
- Vider l'intégralité de son sac par terre pour trouver un truc.

* TUC : cracker salé (désolé pour ceux qui pensaient que c'était les initiales d'un truc super cool, on comprend votre déception).

Règle n° 9

On arrêtera de penser constamment qu'on est entourées de « pervers narcissiques ».

Quand on est bourrée...

Il y a souvent un moment dans la soirée où on passe du *« Je reprendrais bien un verre de rosé »* à *« Hey ! Je crois bien que je suis bourrée ! Hihi ! »*. On peut facilement situer ce basculement, car il s'accompagne de certains comportements, tels que :

- **On danse super bien :**

  « Hey ! Tu m'as vu faire le robot ? »
- **On se trouve super drôle :**

  « Hey ! Tu connais celle de la pute et du rabbin ? »
- **On est généreux :**

  « C'est ma tournée, on n'a qu'une vie ! »
  « Vas-y, on s'en fout ! »
- **On parle couramment anglais/espagnol/italien :**

  « Si, parla italiano molto bene cappuccino. »
- **On fait des trucs incroyables avec notre corps :**

  « Hey ! Regarde comme je fais bien la roue ! »

Le débrief

Au lendemain d'une soirée arrosée a lieu le traditionnel « débrief ». Ce moment où on se remémore la soirée de la veille, et où on doit raconter ce qui s'est passé à certains potes Gremlins* qui n'en ont aucun souvenir.

Les flashs

Moments de la journée succédant à une soirée où des images et des bribes de discussions nous reviennent à l'esprit, et où la seule chose qu'on peut dire est : « Oh merde... »

* Gremlins = personne à qui il ne faut pas donner à boire après minuit.

Le bisou du lendemain

Nous avons beau être des femmes sûres de nous et de ce que nous voulons dans la vie, il y a des situations devant lesquelles nous perdons tous nos moyens.

L'une d'entre elles est l'épreuve dite du **« bisou du lendemain ».**

Ce moment gênant où, ayant embrassé un garçon la veille, on le revoit le lendemain.

- *Est-ce que je dois l'embrasser ?*
- *Lui faire la bise ?*
- *Lui faire un bisou sur la bouche ?*
- *Une tape dans le dos ?*
- *Esquisser un pas de danse tout en chantant l'hymne national version salsa ?*

En bref : « Est-ce que je dois l'embrasser ? »

Tout d'abord, si vous vous êtes donné rendez-vous, faites en sorte d'arriver avant lui, ainsi, vous serez déjà installée quand il arrivera et ce sera à lui de vous dire bonjour.

Il sera donc dans l'obligation de prendre l'initiative de vous embrasser sur la bouche ou de vous faire la bise.

Le bisou du lendemain : cas pratique

Si par malheur cette stratégie échoue et que vous êtes dans l'obligation de prendre l'initiative, embrassez le garçon sur la joue en effleurant le coin de sa bouche, ça sèmera le doute dans son esprit...

C'est un peu l'équivalent de : « Ne se prononce pas. »

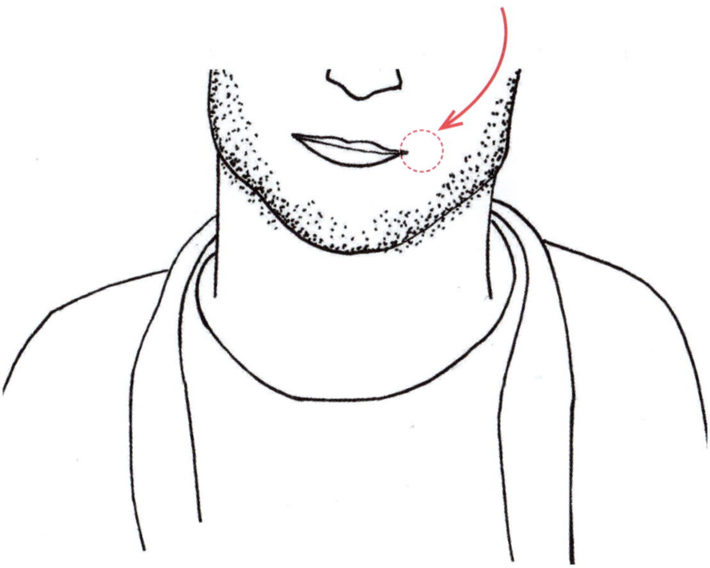

Très chère Véronika...

Nous interrompons ici la lecture de ce livre, car nous souhaitons remercier toutes celles et tous ceux qui ont lu, aimé et partagé *La femme parfaite est une connasse !*

Cependant, nous allons tout de même prendre un peu de temps pour répondre aux autres :

- ***« Je n'ai pas ri une seule fois ! Je dois vraiment être une connasse. »*** *Lilou25*

  Nous nous sommes également interrogées à ce sujet et nous sommes arrivées à la même conclusion.

- ***« Quand vous dites "Dans ton cul", à quoi pensez-vous ? »*** *Tarteàlafraise*

  Alors, comment vous dire... C'est compliqué à expliquer sans faire un schéma ou sans mimer.

- ***« J'ai acheté ce livre, PAF DE LA MERDE ENTRE LES MAINS. Lire cette daube me rend folle, qui sont les deux débiles qui ont écrit ce truc ? »*** *Véronika*

  Très chère Véronika, nous pouvons aisément comprendre votre révolte et la haine qui vous pousse à écrire ces quelques lignes. En effet, comment rester impassible devant la violence de « La jurisprudence de la frange » ou encore notre propagande pro « cacahuètes » ?

- ***«Était-il nécessaire d'utiliser un tel langage ?»*** *Mathildadu75*

  Laissez-nous réfléchir... Hum... OUI. Le mot «couille» sera toujours plus drôle que le mot «testicule». (Quoique «testicule» c'est rigolo comme mot, TES.TI.CULE, Hihi !)

- **«Sincèrement, j'ai pas vu ce qui était drôle...»** *Merlin42*

  Cher potentiel futur ami,

  Loin de nous l'idée de vous juger. Nous n'avons pas tous la même sensibilité, de ce fait, nous pouvons imaginer à quel point la lecture de cette œuvre a pu vous paraître interminable. Vous deviez vous sentir si mal à l'aise, un peu comme si vous assistiez à une fête à laquelle vous n'étiez pas invité. Mais il faut l'avouer, c'était un peu le cas. En revanche, sachez que de notre côté, nous ne vous tenons pas rigueur de vous être incrusté.

  Bien connassement.

Les auteurs précisent, à toutes fins utiles, que *La femme parfaite est une connasse !* est un livre d'humour.

Quelques indices qui devraient pouvoir vous mettre la puce à l'oreille :

- Le terme «humour»* qui apparaît sur le dos du livre.
- Le titre *La femme parfaite est une connasse !* qui, même s'il peut être facilement confondu avec *Ainsi parlait Zarathoustra*, aura tendance à nous mettre sur la voie de la franche déconnade.

* Humour, synonyme de «déconnade», «galéjade», «conneries», «hahaha», «LOL», «MDR», «grosse marrade».

Règle n° 10

On évitera de dire que notre chat ressemble à une célébrité.*

* Comme notre pote Nora, qui pense sincèrement que son chat ressemble à Rihanna.

Listes de choses qu'on aurait mieux fait de ne pas faire en fin de soirée

- Sortir les liqueurs du placard *(les trucs imbuvables qu'on a ramenés il y a deux ans des Baléares ou cette vieille bouteille qui n'a plus d'étiquette mais qui sent l'alcool).*
- **Envoyer un texto à son ex*.**
- Se mettre à ranger son armoire.
- **Prendre de grandes résolutions.** *(On les aura oubliées le lendemain... Et c'est tant mieux.)*
- Dire à tout le monde qu'on les aime. Même aux gens qu'on ne connaît pas.
- **Jurer « qu'on ne nous y reprendra plus ».**

Faire des promesses :

« Je te promets que si un jour tu tues quelqu'un, je t'aiderai à cacher le corps. »

Avoir de grandes théories (sur à peu près tout) et lancer des débats :

« Les méfaits du tennis sur la sécurité routière. »

« C'est qui le plus fort ? De Niro ou Pacino ? »

« Pour ou contre le port de la moustache en milieu urbain ? »

Jouer à « Tu tues ?/ Tu couches ?/ Tu épouses ? »

Ce jeu consiste à citer 3 noms de garçons de notre entourage *(ou présents dans la soirée)* et à décider qui tu tues, avec qui tu couches et qui tu épouses.

Par exemple : « Je couche avec Tom, j'épouse Cyril et je tue Jonathan. »

Attention : ce jeu peut froisser quelques susceptibilités.

* Voir « Interdiction du texto bourré », La femme parfaite est une connasse ! Vol 1., p. 103

La connasse a accouché

La femme parfaite n'est pas comme nous, elle n'est pas faite comme nous. *(Nous la soupçonnons même de ne pas être humaine... Mais c'est un autre débat.)*

Après un accouchement, alors que nous traînons péniblement notre surplus pondéral de la chambre au salon... La femme parfaite, elle, est au top !

- Elle rentre dans un 34.

  Alors que nous, on nous demande : « C'est pour quand ? »

- Elle n'a même pas eu besoin d'acheter des vêtements de grossesse.

  Alors qu'on continue à les porter 6 mois après notre accouchement.

- Elle ne parle que d'une seule voix avec son mari.

  Alors qu'on agresse le nôtre dès qu'il veut donner son avis : « Pas d'utérus, pas d'avis ! »

- Elle a gardé ses seins de grossesse.

  Alors que les nôtres ressemblent à des oreilles de cocker déprimé.

- Elle n'a pris que 5 kilos durant sa grossesse.

  Alors qu'on en a pris plus pendant les fêtes !

Règle n° 11

On arrêtera de dire qu'on est célibataire. On est parisienne, nuance !

La liste des cinq stars

Nous devons fidélité à notre conjoint, voici un fait établi.

Si dans le premier opus, nous avons mis en lumière un vide juridique concernant la fidélité, nous profitons de ce chapitre pour vous faire part d'une autre de nos découvertes.

Ce n'est pas vraiment tromper si... *(roulements de tambour)* **: c'est avec une de nos personnalités préférées.**

À l'instar de Ross dans la série *Friends*, nous avons donc le droit de choisir une liste de cinq personnalités avec qui on a le droit de coucher.

(En même temps, il faut avouer qu'on ne prend pas trop de risques en donnant la permission à notre chéri de nous tromper avec Monica Bellucci.)

P.-S. : Pour ce qui est du droit de veto en matière de « Liste des cinq stars », il n'y a pas de règle à ce sujet. *(D'après notre expérience, il est préférable d'éviter de piquer les 2 premières personnalités de ses amies les plus proches.)*

ATTENTION : Pensez à ranger les noms des stars par ordre d'importance, cela évitera toute confusion.

Les auteurs, dans leur grande générosité, ont pensé à joindre des bons à découper et à présenter à votre compagnon en cas de litige. Ceux-ci sont certifiés par la fédé*.

* Fédération des civils qui ont le droit de coucher avec 5 célébrités.

LISTE DES CINQ PERSONNALITÉS AVEC QUI J'AI LE DROIT DE COUCHER

1. ....
2. ....
3. ....
4. ....
5. ....

LISTE DES CINQ PERSONNALITÉS AVEC QUI J'AI LE DROIT DE COUCHER

1. ....
2. ....
3. ....
4. ....
5. ....

BON DÉLIVRÉ PAR L'ACDC5C

« Association des civils qui ont le droit de coucher avec 5 célébrités »

(Association régie par la loi du 1er juillet 1901 relative aux contrats d'association.)

BON DÉLIVRÉ PAR L'ACDC5C

« Association des civils qui ont le droit de coucher avec 5 célébrités »

(Association régie par la loi du 1er juillet 1901 relative aux contrats d'association.)

On est parti en vacances avec une connasse !

S'il existe un moment dans la vie où nous devrions éviter de côtoyer une connasse, c'est bien durant les vacances. Mais voilà, on ne le sait pas toujours avant...

Quelques détails qui auraient dû nous mettre sur la piste :

- **Elle ne veut pas participer au pot commun.**
- Elle veut que tout le monde déjeune à 11h30 sous prétexte que son petit doit faire la sieste. *(Ben oui, il ne faudrait pas décaler de 10 minutes le cycle de sommeil de Mathéo.)*
- **Elle a commandé « entrée/plat/dessert » au restaurant alors qu'on n'a mangé qu'une salade verte et nous propose généreusement de partager l'addition.**
- Elle ne veut pas partager l'addition sous prétexte qu'elle n'a pas bu de café.
- **Elle a fait rentrer tout le monde de la plage pour pouvoir regarder le tirage du Keno.**
- Elle adore faire des crises à son mec devant tout le monde.
- **Elle a utilisé la totalité du ballon d'eau chaude pour nettoyer ses extensions.**
- Elle s'est débrouillée pour prendre la plus grande chambre/le meilleur lit/la place de devant dans la voiture.
- **Elle refuse de manger local.**
- Elle tire la gueule à chaque fois que... Non, à vrai dire, elle tire la gueule tout le temps... Vous ne vous rappelez même pas l'avoir vu sourire pendant les vacances.
- **Elle a pris l'initiative de tous nous inscrire à l'excursion : « Visite du musée de la pantoufle : des pionniers jusqu'à nos jours. »**

Règle n° 12

Au bureau, on arrêtera de monter à un autre étage pour faire la grosse commission.

Personne n'est dupe.

La nouvelle meuf de notre ex peut nous dire MERCI !

Eh oui, la vie est ainsi faite, on passe un temps fou à coacher notre mec, à l'instruire, à le relooker. Et puis un jour, on se sépare, chacun repart de son côté.

Mais dites-vous bien que tout ce temps passé, tout ce travail, n'a pas été vain.

Quelqu'un d'autre va en profiter… Sa nouvelle petite amie !

On aimerait faire signer à notre mec un contrat de « retour sur investissement ».

Témoignages :

« Elle est très fière de se promener avec lui aujourd'hui, mais quand je l'ai rencontré, il ne portait que des vêtements qu'il trouvait "confortables". »

« Sa nouvelle femme a une jolie maison aujourd'hui, mais moi je l'ai entretenu pendant toutes ses études, même pendant sa période "Je veux monter un groupe de djembé". »

« Que sa nouvelle copine soit sûre d'une chose : si elle a des orgasmes aujourd'hui, c'est grâce à moi ! »

Nous, de notre ex, on a hérité :

- **D'une horloge murale Tex Avery.**
- **De 5 kilos.**
- **D'un manque de confiance en soi et/ou trouble affectif.**

Le syndrome du : « Je suis sûre que j'ai raté mon contrôle ! »

La femme parfaite est humble. Quand elle prépare un repas pendant trois heures pour régaler ses convives, elle se contentera d'un timide : *« Oh, tu sais, c'est pas grand-chose... »*

Alors que si on y a passé une demi-heure, on répétera à qui veut bien l'entendre : *« J'ai cuisiné toute la journée, vous avez intérêt à finir ! »*

Cet aspect de son humilité est tout à son honneur, mais il y en a un autre qui, lui, requiert la « peine capitale », le syndrome du : **« Je suis sûre que j'ai raté mon contrôle ! »**

> Revenons quelques années en arrière, lorsque la « fille parfaite » s'exclamait en sortant d'un contrôle d'histoire-géo : *« Je suis dégoûtée, j'ai envie de pleurer, je suis sûre d'avoir raté mon contrôle ! »* On la réconfortait et on découvrait quelques jours plus tard que cette « connasse » avait eu 16 et nous 8.

Eh bien, cette fille-là a grandi, mais n'a pas changé... Elle est juste devenue une « femme parfaite ».

Elle	***« Merci les vacances, je suis grasse comme un loukoum ! »***
En fait	Elle n'a pas pris un gramme.
Nous	**VLAN ! 3 kg !**

Elle	***« Je suis toute ridée ! »***
En fait	Elle a une pauvre ridule au coin de l'œil droit.
Nous	**On a l'air d'un shar-peï.**

Elle	***« Je suis criblée de cellulite ! »***
En fait	Elle se pince au sang pour nous la montrer.
Nous	**On pourrait faire du surf sur la nôtre.**

Elle	***« Tu sais, financièrement, c'est pas la fête en ce moment. »***
En fait	Elle a presque failli être à découvert.
Nous	**On est interdit bancaire... Encore !**

Les blagues à papa

Il existe dans la vie de chacun un moment de basculement où notre humour, pourtant si fin et efficace, se retrouve réduit à néant. Ce moment tragique où on commence à avoir **« un humour à papa ».**

On a tous un père, un oncle, un prof qui, voulant être drôle, fait des blagues à la limite de la ringardise.

« Pour commander une nouvelle bouteille de vin, mon père ne peut pas s'empêcher de crier à la serveuse "Vous amènerez la petite sœur !" »

« Au restaurant, mon père trouve très drôle d'appeler la machine à carte la Game Boy. »*

Listes des blagues interdites :

- **Au supermarché :** *« Y a pas le prix ? Ça veut dire que c'est gratuit ? »*
- **Quand on fait tomber quelque chose par terre :** *« Ça tombera pas plus bas... »*
- **Quand on fait tomber de l'argent par terre :** *« Attention, ça repousse pas... »*
- **Devant le vendeur de roses :** *« Non merci, on a déjà couché ensemble ! »* (Et même si cette blagounette peut encore nous faire sourire, mettez-vous à la place de ce jeune commerçant indépendant qui l'entend 6 fois par heure.)

Cependant, nous vouons une admiration sans bornes à celui qui ose encore tenter un ***« Tire sur mon petit doigt ».*** (Cette expression étant passée du stade du « ringard » à celui de « culte ».)

Note des auteurs : Nous précisons que malgré l'utilisation du titre « Blagues à papa », tous les pères n'ont pas un humour à papa.

Notes des auteurs pour leur papa : « Nous sommes très fières que tu n'aies pas un humour à papa. Signé : tes filles qui t'aiment. »

* Le serveur étant sûrement né après la disparition de la Game Boy, le bide est assuré.

Règle n° 13

On ne dira pas
qu'on n'a mangé
qu'une salade verte
si on l'a accompagnée
de deux panières
de pain.

La théorie du « mec à trois bières »

« Le mec à trois bières » est la personne qui ne nous plaisait pas en début de soirée mais qui, après quelques verres, devient beaucoup plus attirante à nos yeux*.

Nous estimons le nombre de verres nécessaires à plus ou moins trois bières.

Plus la soirée avance et moins nous devenons exigeantes.

En fin de soirée, t'as toujours une pote qui ramasse ce qui reste dans la boîte et qu'on appelle : la « **voiture-balai** ».

Exemple : Une semaine de vacances

En début de semaine :

« Mouais bof, y a pas trop de mecs mignons. »

Dès le milieu de semaine :

« Allez… OK… C'est les vacances ! »

Jeudi :

C'est les soldes.

Vendredi :

Deuxième démarque.

Samedi :

Tout doit disparaître.

---

* Cette théorie provient d'une étude plus empirique que scientifique, il faut l'avouer.

Comment revoir son échelle à la baisse

Plus la soirée passe, plus nos exigences envers les hommes ont tendance à baisser.

Schéma scientifique :

nos exigences en matière d'hommes

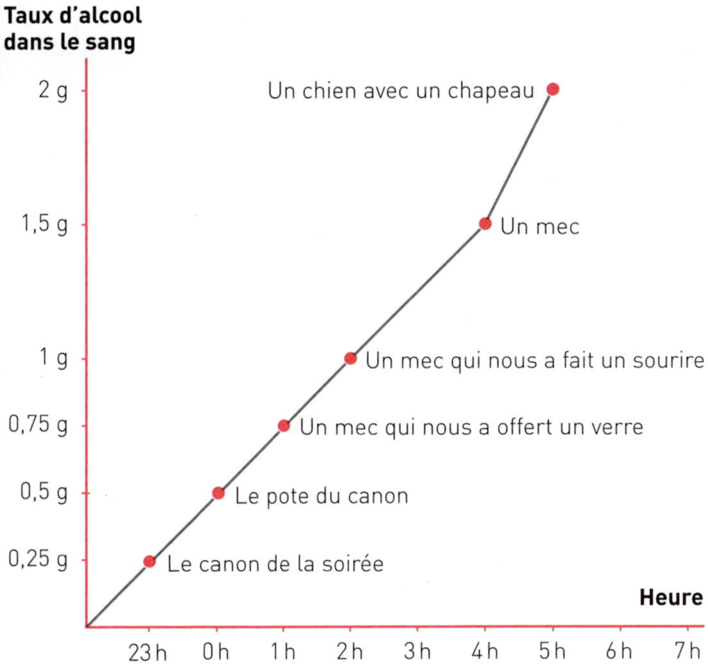

Règle n° 14

On arrêtera
de remettre notre culotte
en place
en marchant.

On est toutes des escroqueries

Qui n'a jamais eu le sentiment d'être une escroquerie ? De ne pas être à la hauteur ?

D'avoir accepté un rôle qui la dépasse ?

Et même si les choses finissent en général bien, que d'énergie dépensée à garder la tête hors de l'eau...

Exemples pratiques :

« OK pas de souci. »

Alors qu'on ne sait absolument pas de quoi on nous parle.

« J'ai compris, bien sûr. »

Je capte rien à l'anglais, mes notions s'arrêtant à « *Where is Brian* ».

« Grave je connais, j'adore. »

[...]

« Cette expo est top ! »

Enfin, c'est ce qu'ils ont dit au JT.

« Tu rigoles, c'est un de mes livres préférés ! »

On n'a pas fini la moitié des livres qui sont censés être « nos livres préférés ».

Que celui qui n'a jamais tapé « conflit israélo-palestinien » sur Wikipédia nous jette la première pierre !

Alors, dites-vous bien une chose, vous n'êtes pas seules !

Phrases de connasse qui veut être gentille… Mais non

On reconnaît une connasse au fait que, même quand elle essaye d'être gentille, elle reste une connasse.

- « Elle te va bien cette robe… Elle cache ton ventre. »
- **« C'est ton mec ? Il a l'air gentil… De toute façon, les gros c'est les plus gentils. »**
- « Il est beau ton sac… On dirait presque un vrai. »
- **« N'écoute pas les gens, elle te va très bien cette coiffure. »**
- « Il est joli ton haut… Bon moi, je ne porte jamais de synthétique. »
- **« Ça doit être intéressant comme métier dentiste… Mais il faut aimer mettre sa main dans la bouche des gens. »**
- « Ça te va bien en brune… Tu vois, j'aurais jamais dit ! »
- **« Il est beau ton fils… Il ne te ressemble pas du tout. »**
- « J'ai une robe à ta donner si tu veux, moi elle m'est trop grande. »

Phrases de connasse qui veut être gentille... Mais qui est raciste

- **« Tu danses bien ! En même temps, c'est normal... Tu es noir. »**
- « Tu es libanaise ? J'adore les Libanais ! »
- **« Tu es arménien ? J'ai un collègue arménien, tu le connais peut-être... »**
- « Tu es comédienne... Dans quel restaurant ? »
- **« Tu es belge ? J'adore les Belges, ils ne se prennent pas la tête ! »**
- « Les bébés métis sont les plus mignons. »
- **« Tu es marocaine ? J'adore les cornes de gazelles ! »**
- « Y a pas plus gentil qu'un Québécois ! »
- **« Tu es juive ?! Tu as de la chance, tu dois connaître plein de gens connus ! »**

Règle n° 15

On n'utilisera plus le terme « simuler » mais plutôt « encourager ».

Les légendes urbaines

« Mais il va se détendre ton jean. »

Un 36 ne deviendra jamais un 42. JAMAIS !

« Dans quelque temps, on en rira... »

En fait non, on n'en rit jamais.

« Ces chaussures vont se faire. »

Alors que tes orteils sont recroquevillés, morts de peur.

« Il est important de savoir jouer d'au moins un instrument. »

Oui, c'est « sympa », mais de là à dire que c'est « important »... Prunes a fait 6 ans de clarinette, bon ben... elle a fait 6 ans de clarinette*...

« Tu vas voir, le cuir de ton sac va vieillir, il sera plus beau. »

Alors pourquoi en acheter un neuf s'il est plus beau vieux ?!

« Ça rentre LAAAAARGE. »

Ou pas...

« Un de perdu, dix de retrouvés. »

Ben non en fait... Un de perdu = un de perdu.

« Y a du stretch dedans, ça bougera pas ! »

Ouaiiiis c'est çaaaaa !! *(Désolé, on n'a pas plus d'arguments concernant le stretch.)*

« Prends allemand/latin, tu verras, ça te servira plus tard. »

Que celui qui a obtenu un job en déclinant *Rosa, rosa, rosam, rosae, rosae, rosa* se manifeste au plus vite.

---

* Nous avons décidé de ne pas faire de vannes puisque le mot « clarinette » se suffit à lui-même.

La tyrannie du maillot de bain

Ce bon Platon en avait parlé en son temps, mais ses travaux à ce sujet sont bizarrement restés très confidentiels. Nous nous devons donc de reprendre le flambeau et d'aborder l'épineux sujet de la **« tyrannie du maillot de bain ».**

Commençons par la question de l'éclairage de la cabine d'essayage :

« Qui s'est occupé du choix de la lumière ? *Il n'y a donc pas une once d'humanité chez les personnes qui ont décidé d'installer des néons dans les cabines d'essayage ? »*

Nous préconisons une lumière tamisée, qui nous mettra en confiance.

Une étude a été menée (par les auteurs, donc fiable à 27 %) :

ON A TOUJOURS PLUS DE CELLULITE DANS LA CABINE D'ESSAYAGE QUE DANS LA VRAIE VIE.

Abordons à présent la question des tailles :

« Qu'est-ce qu'on fait quand on a besoin d'un 36 en haut et d'un 42 en bas ? »

Nous préconisons de changer les étiquettes ! Ou de trouver une copine inversement proportionnée. *(Même si avoir une copine qui fait du 42 en haut et du 36 en bas n'est pas forcément une bonne idée.)*

Malheureusement, alors que la femme parfaite s'assoit impunément sur le rebord de la piscine...

- On entre très vite dans l'eau pour cacher notre **culotte de cheval.**
- On place un(e) magazine/paréo/serviette **au niveau du ventre**, sur toutes nos photos de vacances.
- On plie les jambes pour qu'elles paraissent **plus fines** quand on est allongée sur le transat.

Témoignages :

« Je ne m'allonge pas sur le ventre ! Ça aplatit mes fesses. »

« Je ne peux pas rester assise quand je suis en maillot, ça me fait des bourrelets et si je bronze, j'ai des traits blancs sur le ventre... »

« Je ne m'allonge jamais sur le dos, sinon mes seins disparaissent et on dirait un petit garçon. »

Alors, on fait quoi ?! On arrête de respirer ?!

OH NON ! Passé 12 ans, toutes les femmes ont du ventre et/ou de la cellulite. Alors, RESPIRONS...

Le régime, c'est simple !

Quand, pour la dixième fois, on décide d'entamer un nouveau régime, il faut savoir qu'autour de nous rôde la « connasse ».

« Tu sais, faire un régime ne sert à rien. Quand on arrête, on reprend le double de ce qu'on a perdu. »

Et je fais quoi alors ? Je prie très fort pour que mes kilos en trop s'en aillent tout seuls avec leurs petites pattes ?!

« Tu sais, c'est simple, il suffit de manger de façon saine et équilibrée, et d'arrêter l'alcool. »

Oh merde ! Et moi qui n'y avais jamais pensé !

« Allez, prends une petite part de pizza, ça va pas te faire de mal ! »

Qu'est-ce que tu n'as pas compris dans le terme « régime », connasse !

« Je ne crois pas que ce soit ça qui va te faire grossir. »

Même en regardant une banane je grossis !

« Tu as essayé le régime Fridibidihu ? »

T'es sérieuse ? Tu ne crois pas que depuis le temps... s'il y avait un secret, je le connaîtrais !

« Moi, quand je suis contrariée, je suis incapable de manger quoi que ce soit. »

Moi, quand je suis contrariée... je bouffe.

« Moi l'été, je perds naturellement 3 ou 4 kilos. »

Moi je suis obligée de m'affamer pendant deux mois pour perdre un pauvre kilo !

« Ça t'a pas coupé l'appétit toi ? »

Rien ! tu m'entends... rien ne me coupe jamais l'appétit !

Règle n° 16

On évitera de demander à la rentrée combien de jours il reste avant les prochaines vacances.

Quelle « *trouble maker* » êtes-vous ?

La « *trouble maker* » ou « faiseuse de troubles » *(ou encore « fouteuse de merde »)* est un dérivé de la « connasse » traditionnelle.

Petit test pratique :

- **Sylvain arrive en retard à une réunion :**
  1. Vous faites comme si de rien n'était.
  2. Vous lui glissez : « T'es en retard. »
  3. Vous dites bien fort : « C'est marrant, j'étais persuadée qu'on avait rendez-vous à 14h. Et moi qui ai abandonné mes pauvres enfants au parc de peur de ne pas être à l'heure. »

- **Vous êtes au repas de Noël avec vos cousins et vous sentez que l'ambiance retombe :**
  1. Vous portez un toast.
  2. Vous proposez à votre petite cousine de chanter une chanson qu'elle a apprise à l'école.
  3. Vous demandez à votre grand-père de raconter à tout le monde comment son père a fait fortune pendant la guerre.

- **Votre pote a picolé et il est chaud comme la braise :**
  1. Vous lui proposez de le mettre dans le taxi.
  2. Vous lui balancez un verre d'eau au visage. *(C'est quitte ou double.)*
  3. Vous lui dites que Sylvain a insulté sa mère. *(« J'ai pas tout compris, juste, "bla bla bla PUTE bla bla bla..." Je sais pas ce qu'il a voulu dire. »)*

Résultat :

Nous ne sommes pas là pour vous juger... La femme parfaite, si !

Règle n° 17

On sera en droit de demander à nos ex de nous écrire une lettre de recommandation : « Je certifie sur l'honneur que c'est pas elle, c'est moi ».

OK... On se met en scène

La femme parfaite semble tout droit sortie d'un film américain, une de ces comédies romantiques où il fait toujours beau et où les gens portent des couleurs vives... Alors, parce que nous aussi on adorerait être l'héroïne super sexy de notre propre série américaine, nous avons pris l'habitude de nous mettre en scène.

Trucs un peu honteux qu'on fait pour se mettre en scène :

Quand on va faire son marché :

- Prendre un **panier**, juste pour le cliché.
- Acheter un **paquet de thé hors de prix** *(qui prendra la poussière dans la cuisine parce qu'on n'a pas d'infuseur).*
- Acheter des pommes juste pour mettre en valeur notre **jolie corbeille de fruits.**
- Ramener de très jolies **épices de Marrakech** mais ne jamais s'en servir.
- Acheter des légumes juste parce qu'ils ont **des noms compliqués.**
- Acheter un poulet fermier et se rendre compte qu'on n'a **pas de four.**

Quand on va faire son jogging :

- Décider d'aller faire un jogging parce qu'on a vu **Rihanna en short** dans un magazine.
- Abandonner la séance de sport parce qu'on n'a pas **la musique adéquate.**
- Mettre plus de temps **à se préparer à courir** qu'à courir.
- Chercher partout **une casquette**, parce que « c'est cool de courir avec une casquette ».

Le café à l'américaine de chez Starbuck.

On s'entête à acheter un café américain à emporter comme dans les films, mais on va pas s'mentir... Seule la femme parfaite arrive à boire ça sans se brûler ou sans en renverser !

OK... On se met en scène (suite)

S'il y a bien un moment où on se met en scène, c'est au début d'une relation amoureuse.

ON SE MET EN SCÈNE **DANS LA VRAIE VIE**

On met une playlist de trucs branchés.

On écoute Joe Dassin et ABBA en boucle.

On met des bougies parfumées.

Les bougies prennent la poussière et certaines ont même déjà servi de cendrier.

On met une nuisette.

On porte une grenouillère pour dormir.

On met Arte à la télévision.

On regarde* The Voice *sur TF1.

On met la photo de Nietzsche en fond d'écran.

On avait un chat avec un bonnet en fond d'écran.

Attends ! C'est pas fini...

On laisse traîner *The Economist* sur la table.

On a le magazine* Public *posé sur la table.

On prépare un délicieux repas pour deux.

On mange habituellement notre taboulé au poulet directement dans la boîte.

On lui propose d'aller voir une expo dimanche.

Le dimanche, on reste affalée devant la télé, sans se laver.

On est impeccablement épilée.

Notre esthéticienne ne nous avait pas revue depuis la « promotion spéciale Noël ».

Liste des choses qu'on cache lors de la venue d'un nouvel amoureux :

Pyjama, pantoufles, nounours, vieux plaid Hello Kitty, produit contre l'acné et/ou la sécheresse intime, nos brochures « Les premiers signes de la dépression » et tout ce qui pourrait détruire l'image glamour que nous nous sommes donné tellement de mal à mettre en place.

Ce serait dommage de détruire tout ce travail à cause d'une boîte d'Immodium qui traînerait sur notre table de salon.

Règle n° 18

On se souviendra que si ça sent la merde, que ça ressemble à de la merde et que ça a le goût de la merde, il y a 80 % de chance que ce soit de la merde.*

* D'à peu près Confucius.

Parce que parfois notre mec est une connasse...

« Est-ce que tu es sûre que c'est bien raisonnable ? » *(En te voyant te resservir au buffet.)*

Tu me fais une réflexion sur mon poids là ?! T'es sûr que tu peux te le permettre ?!

« Pourquoi tu fais des régimes ? Il suffirait que tu fasses un peu de sport. »

Je ne crois pas t'avoir vu pousser de la fonte récemment !

« Mais, t'en as plein, des chaussures. »

Depuis quand le terme «*plein*» est-il synonyme d'«*assez*» ?!

« Tu crois que tu vas savoir changer le néon ? »

Ben non, avant toi, je vivais exclusivement dans le noir.

« Ta copine est super mignonne ! Elle est célibataire ? »

[...] No comment.

« T'es drôle pour une fille. »

Et le pire, c'est que je suis sûre que tu voulais me faire un compliment... Raté !

« T'as pensé à prendre ton passeport ? »

Ben non, je pensais que ma carte du club de sport allait suffire ! *(Et tu vas discrètement récupérer ton passeport que tu avais effectivement laissé dans ton tiroir à culottes.)*

« Je préfère conduire, il risque d'y avoir du monde sur la route. »

Ah oui, ben tu me donneras le volant quand on sera sur le parking, pour que je fasse des tours.

La théorie du « tiré/décalé »

Alors que pour la femme parfaite, prendre soin d'enlever systématiquement son body* avant de se rendre aux toilettes ne pose aucun problème, pour nous, femme normale, c'est un vrai souci !

(Un problème de flemme que nous rendons en partie responsable de l'extinction de la mode du body à la fin des années 1980).

Nous nous sommes donc penchées sur cette question et avons mis au point ce que l'on estime être digne d'une invention de la NASA, le **« tiré/décalé ».**

Cette technique consiste à **décaler la culotte** plutôt que de l'ôter pour aller faire pipi.

TU M'ÉTONNES QUE ÇA VALAIT BIEN UNE PAGE !

* Body = justaucorps.

On est des « James Bond » en carton

Il nous arrive quelquefois de nous dire : « *Heureusement qu'on ne compte pas sur moi pour sauver le monde... On serait dans la merde !* »

Il existe un curieux paradoxe dans notre façon de nous comporter... On assure dans les moments de crise, on reste forte quand on aurait pensé s'effondrer, et puis, d'autre fois...

- On transpire dès qu'on pique une **capsule Nespresso** au boulot.
- Quand on entend un bruit suspect dans notre appartement, on se met **la couette sur la tête** en ne laissant dépasser que le bout du nez...
- On est incapable de garder **un secret** *(alors imaginez le code de la bombe nucléaire).*
- Quand la lumière est éteinte, on est capable de courir comme une gamine en sortant des toilettes, au cas où on aurait été **poursuivie par un loup.** *(Bien entendu, ledit « loup » s'arrêtera net quand on sautera sur notre lit.)*
- **On a l'œil du tigre ! Mais la force du chat et l'habileté du bébé labrador.**

Heureusement, notre homme est là !

Une sorte de « James Bond ». Un homme, qu'on croit solide, qui nous rassure... Jusqu'au jour où un bruit se fait entendre dans l'appartement et qu'il nous dit : ***« Va voir ce que c'est ! »***

Mettre les photos de nos enfants sur Facebook

Libre à vous de mettre des photos de vos enfants sur Facebook. Il y a cependant quelques règles élémentaires à respecter.

- Évitez de mettre une photo de lui TOUS LES JOURS.

  « Enzo a eu 467 jours aujourd'hui, je ne l'ai pas vu grandir... »

- Évitez de mettre des photos « trop intimes ».

  « C'est la première fois que Lola va sur le pot #Fierté #Bravo #Groscaca »

  « Voici la première photo d'Elliot !! »

Tu m'étonnes que c'est sa première, il a encore du placenta sur le front !

IL EST INTERDIT DE METTRE LA PHOTO DE SON ÉCHOGRAPHIE SUR FACEBOOK.

Signé : Le monde entier.

« Je suis désolée mais tu peux pas mettre une photo de ton enfant sur Facebook s'il est laid, ou alors tu lui mets un bonnet rigolo. »

Oh ça va ! Que celle qui n'a jamais ri devant la photo d'un bébé laid sur Facebook nous jette la première pierre... !

Comment reconnaître l'homme parfait ?

N'hésitez pas à faire faire le test aux hommes de votre entourage. Cochez les phrases suivantes si :

- ☐ Il sait allumer un **barbecue.**
- ☐ Il n'a jamais compris ce que les autres hommes pouvaient bien trouver à **Scarlett Johansson.**
- ☐ Il connaît par cœur les dialogues de *C'est arrivé près de chez vous*, surtout **le monologue du pigeon.**
- ☐ Il a joué dans au moins deux films de **Quentin Tarantino.**
- ☐ Il trouve Gisele Bündchen **trop maigre.**
- ☐ Il sait ouvrir une bouteille de rosé **sans tire-bouchon.**
- ☐ Il sait jouer *Hotel California* **au ukulélé.**
- ☐ Il adore passer du temps à **Primark.**
- ☐ Il a été contacté pour faire le **calendrier** des « Dieux du stade ».
- ☐ Il aime les stylos quatre couleurs, l'odeur du feutre Velleda et **éclater du papier bulle.**
- ☐ Il a un problème avec la **kryptonite.**

- [ ] Le réalisateur de *Wolverine* a avoué avoir **pensé à lui** en écrivant le film.

- [ ] Il a monté un canapé IKEA **tout seul et sans se plaindre** *(alors que DEUX petits bonshommes étaient dessinés sur la notice).*

- [ ] Il n'aime pas se vanter d'avoir surfé **les plus grandes vagues** de la planète *(l'une d'elles porte aujourd'hui son nom).*

- [ ] Il propose **régulièrement** : « Hey ! Pourquoi tes copines ne viennent pas prendre l'apéro demain ? Je m'occupe de tout ! »

- [ ] Dans certaines tribus, son nom est synonyme de **bravoure.**

- [ ] Il déteste les gens qui disent : **« Qui plus est. »**

- [ ] Ses calculs pourraient remettre en doute **la théorie de la relativité** mais il les garde pour lui, il n'aime pas ~~foutre la merde~~ semer la zizanie.

- [ ] Il sait siffler **avec les doigts.**

- [ ] Il est agacé qu'on lui dise tout le temps qu'il ressemble à **Robert De Niro** jeune.

- [ ] Lui seul sait s'il y a une vie après la mort... mais **préfère ménager le suspense.**

Si le garçon auquel vous avez fait faire ce test a coché plus de 6 cases et qu'il est encore célibataire, merci de transmettre ses coordonnées aux Éditions J'ai lu qui feront passer à qui de droit.

Règle n° 19

On arrêtera de penser qu'on ne peut commencer « à arrêter de fumer » que le 1er janvier.

« Je ne veux pas m'épiler la moustache parce qu'après ce sera pire ! »

Rien, tu m'entends, RIEN ne peut être pire que cette moustache ! Personne ne lui a jamais dit ?

Règle n° 1* :

En amitié, toujours dire la vérité à ses amis.

Même si celle-ci est parfois violente !

- Comment se fait-il que les gens qui ont les dents poreuses s'obstinent à boire du vin rouge en public...

  Personne ne leur a jamais dit qu'ils ont les dents noires... ?

- Comment se fait-il que les gens qui ont des pellicules s'obstinent à mettre des vestes noires ?!

  On ne leur a jamais dit qu'on ne peut pas regarder autre chose que leurs épaulettes maculées de blanc... ?

- Pourquoi s'obstinent-ils à garder le poil qui sort de leur grain de beauté sur le visage ?

  Personne ne leur a jamais dit qu'ils pouvaient l'enlever... ?

  Et si par malheur votre ami ne veut pas comprendre vos allusions : « *Si ça se trouve, Cindy Crawford aussi avait des poils qui sortaient de son grain de beauté...* »

Vous n'avez plus le choix ! Vous êtes dans l'obligation de mettre en place une INTERVENTION *(voir p. 311)***.**

* On est conscientes qu'on a beaucoup de « Règle n° 1 », mais c'est dur de les classer.

Révélation

Alors on vous prévient, ce qui suit risque d'être un peu violent*...

ATTENTION !

Quand un mec ne veut pas s'engager, c'est qu'il pense qu'il peut trouver mieux que nous et veut pouvoir rester disponible.

* On ne vous cache pas que nous aussi ça nous a fait un choc.

Pourquoi sur la femme parfaite ça fait classe, alors que sur nous...

Le maquillage des yeux charbonneux.

Sur nous ça fait « yeux de panda ».

Le collant résille.

Sur nous ça fait rôti de veau.

Les cuissardes.

Sur nous ça fait... pute.

Les grosses lunettes.

Sur nous ça fait mouche.

Le legging.

Sur nous c'est l'effet « cameltoe * » assuré.

Le piercing au nombril.

Le nôtre s'est caché dans notre bourrelet.

Le rouge à lèvres rouge.

Sur nous ça fait transsexuel brésilien.

Le jean taille basse.

Sur nous, c'est l'effet « muffin top ** » assuré.

La capeline.

Sur nous, ça fait le tueur du film Souviens-toi l'été dernier.

---

* Le « cameltoe » signifie littéralement « pied du chameau ». Selon Wikipédia, « le cameltoe est un terme argotique anglais utilisé pour désigner la forme, vue sous des vêtements moulants, des grandes lèvres d'une femme. » (Soyons clair, par souci d'esthétique, les auteurs n'auraient pas utilisé spontanément le terme « grandes lèvres ».)

** Expression d'origine australienne : quand on porte un jean taille basse et que notre ventre et nos hanches débordent du jean, comme le muffin qui déborde de son récipient.

« Hey ! Si on faisait des pâtes ! »

Le « Hey, si on faisait de pâtes ! » intervient le plus souvent en toute fin de soirée, au moment où tous les pâtés en croûte ont disparu et où même les toasts au tarama ont eu leur petit succès. *(Les toasts au tarama, d'une couleur rose foncé, étant souvent ce qui reste à la fin d'une soirée*.)*

Le « Hey ! Si on faisait des pâtes ?! » est soumis cependant à certaines règles :

- Il ne doit pas être lancé avant 2 heures du matin.
- Il ne doit rester dans la soirée que « la crème de la crème » des invités. *(Oui, bon, n'importe qui fera l'affaire.)*
- Il doit y avoir consommation d'alcool au préalable. *(Pas nécessaire, mais préférable pour plus d'efficacité.)*
- Le « Hey ! Si on faisait des pâtes ?! » doit être suivi d'un « Mais graaaaave !! » de la part des convives.

Un « Hey ! Si on faisait des pâtes ?! » bien fait vous rendra, le temps d'une seconde, la personne la plus importante du monde. (Vous risquez même d'entendre le mot « Messie ».)

* D'après de multiples témoignages.

Quand on revient de soirée, le « Hey ! Si on faisait des pâtes ! » connaît quelques variantes.

Par exemple, on peut avoir l'idée de verser une boîte de raviolis sur une tranche de pain de mie et d'appeler ça très fièrement un « **raviolwish** ». *(Sur le coup, on est sûr d'avoir découvert un truc de fou !)*

Mais la plupart du temps, on reste bloqué devant son frigo en cherchant l'inspiration. On observe, on calcule, on essaie d'anticiper les risques...

On va même jusqu'à envisager la boîte de céleri rémoulade...

Et puis, on finit par verser le sachet de gruyère dans une assiette avant de la mettre au micro-ondes.

Alors, dans un moment de doute, n'hésitez pas à lancer un : « Hey ! Si on faisait des pâtes ?! » Vous verrez, ça marche.

« Il m'a quittée pour une plus jeune »

Nous ne sommes jamais à l'abri de nous faire larguer, mais un nouveau risque s'ajoute en avançant en âge : celui de se faire larguer pour une plus jeune.

À tout moment il peut nous quitter pour :

- Une femme de **20** ans quand on en a **30.**
- Une femme de **30** ans quand on en a **40.**
- Une femme de **30** ans quand on en a **50.**
- Une femme de **30** ans quand on en a **60.**

« Kimi est jeune, mais on est sur la même longueur d'ondes. »

C'est normal puisque vous avez à peu près le même âge mental. (BIM !)

« Je vis une nouvelle jeunesse. »

À croire que je t'ai gâché la première !

« Oui, Sabrina a 18 ans, mais elle est très mûre ! »

Je n'en doute pas... Mais c'est quand même à la limite de la légalité ton truc... Moins, ce serait répréhensible par la loi.

Règle n° 20

On évitera de dire qu'on est photographe professionnel juste parce qu'on a acheté un reflex.

Ça nous rend folles !

Il est de ces petits détails, de ces petites choses toutes bêtes qui semblent exister dans l'unique but de nous pourrir la vie. L'état dans lequel on peut se mettre peut alors paraître totalement disproportionné.

Pourtant il n'y a rien à faire, ça nous rend folles !

- Passer 10 minutes à démêler les écouteurs de notre iPhone.
- **Les gens qui font du bruit avec leur bouche.**
- Voir quelqu'un remettre les allumettes brûlées dans la boîte.
- **Les gens qui ne remplissent pas le réservoir de la Nespresso après l'avoir vidé.**
- Chercher un truc au fond de notre sac. *(Peu importe la taille du sac.)*
- **Les gens qui réussissent à ne manger qu'UN seul carré de chocolat.**
- Ne pas réussir à trouver l'extrémité du rouleau de PQ dans le dérouleur.
- **Les gens qui se lèvent 20 minutes avant que le train arrive en gare.**
- Les gens qui sortent un chéquier juste devant nous à la caisse, ou qui mettent deux heures à ranger leurs achats dans leurs sacs plastique. *(Alors qu'on va super vite pour pouvoir finir avant eux et ainsi les fusiller du regard et leur signifier leur incompétence.)*

- **Ne pas trouver l'opercule et rêver de se retrouver en face du pervers qui a osé écrire « ouverture facile » sur la boîte.** *(Notamment sur les DVD.)*
- Les gens qui laissent une boîte de Ferrero ouverte sur une table, des semaines, sans y toucher.
- **Se retrouver avec une pièce restante alors qu'on vient de finir de monter un meuble IKEA.**
- Les gens qui nous disent « Laisse, ça charge », alors qu'on s'obstine à taper frénétiquement sur toutes les touches du clavier.
- **Attendre que l'ordinateur cherche… Et regarder la petite roue tourner…**
- Tailler notre crayon pour les yeux et voir la mine s'écraser dans le taille-crayon. *(Oh oui ! On a des vrais soucis !)*

Mettre une housse de couette !

Qu'on arrête de nous dire qu'il existe des astuces, on les connaît !
Mais même avec ça, enfiler une housse de couette reste une des choses qui peuvent nous rendre folles ! ***(On est d'ailleurs capables de dormir plusieurs jours avec la couette sur la housse plutôt que d'avoir à se battre avec pour l'enfiler.)***

Post rupturum... Animal triste

Tout le monde en conviendra, une rupture est une période difficile à vivre. Cependant, il existe une autre période, plus méconnue, mais non moins difficile à vivre : la période de **« post-rupture ».**

La période dite de « post-rupture » dure plus ou moins longtemps selon les gens, mais elle équivaut en moyenne au tiers de la durée de votre relation.

$$\frac{\textbf{Durée de la relation}}{\textbf{3}} = \textbf{Durée de la période de post-rupture}$$

La « post-rupture » : ce moment où vous n'avez plus aucun amour-propre, où vous vous laissez complètement aller à la douleur, où vous voulez mourriiiiiiiirrr. Vous êtes malheureuse et il faut que ça se voie !

Quelques indices :

- Vous ne supportez pas **les gens heureux.**
- Les gens vous parlent comme si vous étiez en **phase terminale.**
- Vous avez **les yeux dans le vague,** le regard bovin d'une bête blessée qu'il faudrait achever pour qu'elle arrête de souffrir.
- Vous ne supportez plus qu'on vous dise : **« Ça va aller... »**

- Note des auteurs : Cette période est très souvent suivie par **« Les 7 phases du deuil* ».**

---

* Voir « Rupture : les 7 phases du deuil », *La femme parfaite est une connasse !* Vol 1., p. 160

Règle n° 21

On arrêtera de dire :
« Allez, cul sec ! »

J'ai perdu ma dignité !

Quand on est plus jeune, tout est potentiellement « la honte ».

En grandissant, on arrive à relativiser et on réalise qu'on se fait facilement une montagne de pas grand-chose.

Pourtant, il existe des moments où il est tout à fait légitime d'avoir honte... de vouloir se cacher dans un trou de souris.

Nous parlons de ce moment tragique où on perd l'une des choses auxquelles nous tenons le plus : NOTRE DIGNITÉ.

Liste des endroits où notre dignité aurait bien pu se cacher :

- **Sur le podium du Copa Cabana.**
- Dans l'escalier de la faculté de droit.
- **Sur une des planches à voile du Club Med de Corfou.**
- Durant l'élection de Miss Camping à Frontignan.
- **Dans une salle des fêtes, lors du mariage de notre cousin.**
- Sur la scène d'un Comedy Club quelconque.

J'ai perdu ma dignité ! : pense-bête

Liste à remplir soi-même :

Date	18 août 2006
Lieu	Toilettes du Pincho Pingo
En compagnie de	Céline
Degré d'alcoolémie	Après 4 cocktails
Événement	Gamelle dans les escaliers
Conclusion	4 points de suture

Vous pouvez à présent remplir votre tableau, afin de ne jamais oublier…

Date	
Lieu	
En compagnie de	
Degré d'alcoolémie	
Événement	
Conclusion	

Règle n° 22

On ne reverra jamais un amour de vacances hors vacances... Sous peine d'une grosse déception.

« Ma mère est parfaite* »

Nos parents ont un don, une façon toute personnelle mais très efficace de nous rabaisser. C'est fou comme on a tendance à redevenir une gamine en leur présence.

Dites-vous bien que si la « femme parfaite » a tendance à nous faire culpabiliser... la « mère parfaite » est cent fois pire !

- *« C'est fou,* ***à ton âge****, j'étais déjà mariée et enceinte de mon deuxième. »*
- *« Ta cousine a été acceptée à* ***Sciences Po****, elle ! »*
- *« T'étais déjà un* ***gros bébé****, j'ai passé 9 mois alitée. »*
- *« Tu sais, si tu t'arrangeais un peu... On n'attrape pas les mouches* ***avec du vinaigre.*** *»*
- *« J'ai jamais voyagé... Il fallait te payer ton* ***appareil dentaire.*** *»*
- *« On a très vite su que tu ne ferais pas d'étude,* ***t'étais pas douée...*** *T'étais pas douée... »*
- *« J'avais des seins magnifiques* ***avant*** *d'accoucher de toi. »*
- *« Ahhh, ce que j'aimerais être* ***grand-mère...*** *avant de mourir. »*
- *« Tu sais que si je n'étais pas tombée enceinte, je serais* ***chirurgien*** *à l'heure qu'il est. »*
- *« Les enfants ? Moi, ce serait* ***à refaire****, je sais pas si... »*

On la soupçonne également d'avoir inventé l'expression : *« 5 minutes dans la bouche, 5 ans sur les hanches. »*

---

* Une connasse. (Sauf la nôtre, évidemment, qu'on aime fort. Bisous, Maman !)

Les films dont on a un peu honte mais qu'on aime quand même

- ***Les Goonies,*** parce que « Sinok aime Choco ».

- ***Grease,*** best BO ever ! (avec *Flashdance* et *Footloose*).

- ***Nuit blanche à Seattle,*** parce qu'il fallait bien placer un film avec Meg Ryan.

- ***Elle est trop bien.*** Film américain dans lequel on transforme l'intello du collège en canon ultra-populaire, en lui enlevant simplement ses lunettes de vue. (Ça tient à rien, c'est fou.)

- Ce téléfilm avec **Alyssa Milano,** dont on a oublié le nom mais où il est question d'un bal de promo.
En fait, tous les films où il est question d'un bal de promo.

- ***Dirty dancing,*** parce qu'« *on laisse pas bébé dans un coin !* ».

- Le film avec la souris qui parle. (Pour la même raison que pour *Les Goonies*.)

- ***L'Étudiante*** ou ***La Boum**** (ne serait-ce que pour la musique).

- Tous les téléfilms de M6 et TF1 de l'après-midi.
(À l'exception des téléfilms allemands, la luminosité étant vraiment trop déprimante.)

* Sophie Marceau étant notre Meg Ryan nationale.

Palmarès des comédies qu'il est nécessaire de faire connaître aux jeunes générations

- ***Le Grand Détournement,*** parce qu'avant YouTube on se faisait passer la cassette vidéo sous le manteau*. Le profane n'y avait pas accès.

- ***Les Bronzés,*** parce que l'État français s'obstine à ne pas le répertorier dans notre patrimoine culturel.

- ***La Cité de la peur,*** parce qu'on frise le génie. Une vanne toutes les 5 secondes.

- ***Dumb and Dumber,*** parce qu'au moment d'écrire ces lignes, ils n'ont pas encore sorti le 2 et que le suspense est donc à son comble…

- ***The Big Lebowski,*** parce qu'on ne jouera plus jamais au bowling de la même façon.

- ***Une nuit au Roxbury,*** comme presque tous les films issus du *Saturday Night Live*.

- ***C'est arrivé près de chez vous,*** parce qu'on connaît les répliques par cœur.

- ***Waynes's world,*** parce que **NON, IL N'A PAS VIEILLI !**

* L'expression « sous le manteau » date de l'époque des VHS.

« Comment ça se fait que tu sois encore célibataire ?! »

Mais quelle formidable question !

Heureusement que quelqu'un a pensé un jour à formuler cette pertinente question, on aurait pu oublier de se la poser.

Il s'agirait *a priori* d'un compliment déguisé : « Comment ça se fait qu'une fille aussi incroyable que toi soit encore célibataire, alors que tu mérites tellement d'être heureuse... »

Mais sachez que la personne qui le reçoit entend plutôt :

« C'est pas normal... Tu as forcément un souci, un vice caché... »

Exemples d'humiliations quotidiennes d'une célibataire :

- **On te présente quelqu'un en précisant : « Vous iriez super bien ensemble ! » Et là, humiliation suprême, celui avec qui « Tu irais super bien » s'avère être un 5/10.**

  « À quel moment tu t'es dit qu'on irait super bien ensemble ? C'est comme ça que tu me vois ?! Je te fais pitié à ce point ?! »

- **Au mariage de ton cousin, on t'installe à la « table des célibataires ».**

  Table qui s'avérera être la « table des enfants ». Pire encore, la « table des vieux ». (Pourquoi pire ? Parce qu'on s'amuse beaucoup plus à la table des enfants.)

- **Lorsque tes amis te disent : « Tu es trop difficile », sous-entendu : « Redescends de ton nuage, tu auras déjà de la chance si tu ne finis pas seule... dévorée par tes chats. »**

  Variante : « T'es trop exigeante ! » Sous-entendu : « Tu mérites pas mieux ! »

Phrases de connasses

ELLE → **NOUS**

Tu es fermée à l'amour.

C'est pas parce que toi tu t'es résignée que je dois faire pareil.

C'est dommage que ce soit terminé, on l'aimait bien.

Ben oui, moi aussi je l'aimais bien mais c'était pas forcément réciproque.

Tu mérites de rencontrer quelqu'un de bien.

Et moi qui avais des doutes... MERCI.

Tu sais, c'est une chose de sortir avec des garçons, encore faut-il savoir les garder.

Non, sans déconner ?!

Tu dois dégager de mauvaises ondes, les hommes les sentent.

Ben ouais, comme les chiens ! Ou les conseillers d'orientation.*

Tu sais, si tu veux des enfants, faudrait pas trop tarder...

NO COMMENT.

* Vanne gratuite.

La femme parfaite est une vraie adulte, alors que nous...

- On prévient l'assemblée avec un « je vais faire pipi » crié à la cantonade.
- **On ne sait pas manger sans se tacher.**
- On s'enthousiasme : « Youpi ! C'est les vacances de Noël, je vais regarder *La Boum*, *Les Gremlins* et *Maman j'ai raté l'avion* pour la 12e fois ! »
- **On régresse quand on est en présence de nos parents ou frères et sœurs.**
- Au bureau, on se met du Tipp-Ex sur les ongles.
- **En parlant des mégots dans le cendrier, on demande : « Si tu devais en choisir un, tu serais lequel ? »**
- On fait un collier avec les trombones.
- **On continue à dire « C'est la récré ! » à la pause de 11 heures.**
- On met nos mains dans la bougie pour se mettre de la cire aux bouts des doigts, c'est rigolo !
- **On crie : « Ohhhh ! Ça sent la mandarine ! Ça sent Noël ! »**
- On demande très sérieusement : « T'es qui dans la série ? »

- **On fait un volcan dans la purée à la cantine du bureau.**
- On continue à réclamer une sucette à notre généraliste parce qu'on n'a pas pleuré.
- **On ne peut pas parler du dessin animé *Rémi sans famille* sans être émue aux larmes.**
- On court pour prendre les places au fond du bus.
- **On est obligée de toucher un plat alors qu'on vient juste de nous dire « Attention, c'est chaud », juste pour vérifier.**
- On met notre serviette de plage dans un état lamentable *(la femme parfaite, elle, n'a pas un grain de sable sur la sienne)*.
- **On sort notre trousse Hello Kitty lors d'une réunion.**
- On s'amuse à rester debout le plus longtemps possible dans le métro ou le bus sans se tenir à la barre. *(Genre, je suis sur une planche de surf...)*.
- **Sur un bateau on se met toujours à l'avant, les bras ouverts, en criant « Je suis le maître du monde »*.**

* Au sujet du film *Titanic*, nous ne souhaitons pas alimenter la polémique... Mais tu vas pas me dire qu'elle aurait pas pu lui laisser un peu de place, la Kate, sur la planche en bois ?!

Comment voulez-vous que les hommes nous comprennent ?

À cette étape du livre, vous avez dû vous dire plusieurs fois : « C'est tellement vrai ! », « C'est incroyable comme on se comprend entre filles »*. Pourtant, sachez que si nous nous comprenons tellement entre femmes, pour les hommes, c'est nettement plus compliqué.

Petit exemple pratique à travers un échange de textos :

NOUS : **On se voit ce week-end ?**

LUI : **OK**

NOUS *(dans notre tête)* : **Mais il n'a pas précisé quand ce week-end… Vendredi ? Samedi ? Dimanche ? Soir ? Brunch ? Un café en fin d'aprèm ? Mais c'est pas possible d'être si peu précis !! Il croit quoi ?? Que je suis à sa disposition ?!! Non mais je rêve !!**

NOUS : **Je ne suis pas à ta disposition !!!**

LUI *(dans sa tête)* : **?!?**

LUI : **?!?**

* Du moins, on l'espère…

Règle n° 23

On arrêtera d'essayer de se donner soi-même un surnom.

La connasse ne prend jamais parti

La femme parfaite n'a pas d'ennemis. En tout cas, elle ne souhaite pas en avoir.

Elle a donc pris l'habitude de ne jamais contrarier personne, ni d'aller à l'encontre de la pensée commune et de ne surtout jamais, au grand jamais, prendre parti dans une affaire qui ne la concerne pas.

Phrases de connasse :

> ***« Mais, tu sais, il ne m'a rien fait à moi. »***
>
> ***« C'est vos histoires. »***
>
> ***« Je préfère ne pas m'en mêler. »***

Ne comptez pas sur la « femme parfaite » pour vous défendre en cas de problème, alors que nous, nous sauterions à la gorge de quiconque ayant eu un mot déplacé à l'encontre d'une de nos amies.

Et si un mec a l'audace de faire ouvertement du mal à notre amie... Il a plutôt intérêt à quitter le pays !

Dixit Charlotte (à Big) dans *Sex in the City* :

« Je maudis le jour où tu es venu au monde ! »

- **« Ma collègue porte la même robe que moi ! »**

  La connasse : « Non, c'est pas la même, elle c'est un 36. »

  Nous : **« Oh, la pute ! »**

- **« Je viens d'apprendre que ma copine de boulot sort avec mon ex ! »**

  La connasse : « S'ils sont amoureux… »

  Nous : **« Les ennemis de mes amis sont mes ennemis. »**

- **« Je crois que j'ai tué quelqu'un. »**

  La connasse : « Sais-tu que c'est interdit par la loi ? »

  Nous : **« Où est le corps ? »**

- **« Cédric m'a trompée ! »**

  La connasse : « Je ne préfère pas prendre parti dans les histoires de couples… »

  Nous : **« Un mot* de ta part et c'est un homme mort ! »**

---

* « Comme mot, je te propose : cacahuète, rhododendron ou caramel. Même si j'avoue avoir une préférence pour "cacahuète", "Opération cacahuète", ça claque ! »

Règle n° 24

On arrêtera de se dire « intolérante au gluten » juste parce que c'est la mode.

Vous avez fait des photos compromettantes

On dirait que les « récentes affaires » ne vous ont pas servi de leçon !

Combien faudra-t-il d'Alyssa Milano *(pour ne nommer qu'elle)* pour que vous compreniez que si vous faites des photos ou des vidéos compromettantes, vous devez vous attendre à ce qu'un jour elles ressortent ?!

Arguments avancés par le mec :

« Mais c'est juste pour nous... »

« Ça nous fera des souvenirs plus tard. »

« Allez, t'es même pas cap ! »

Cependant cette règle ne s'applique pas si :

- Vous souhaitez faire carrière **dans le charme** et/ou **porno.**
- Vous êtes particulièrement **canon** sur ces photos.
- Vous avez déjà fait une **télé-réalité.**

ATTENTION au *revenge porn* !

Le « porno de vengeance » (traduction de l'expression anglo-saxonne « *revenge porn* ») ou quand votre ex se venge en publiant des photos de vous nue.

Le concept du « on »

Nous sommes amoureuses, à la bonne heure ! Mais à quel moment sommes-nous passées du « côté obscur » ?

À quel moment dans une conversation anodine, le « je » a été insidieusement remplacé par le « on » ?

« J'ai rien vu venir... Un jour, mon amie m'a demandé : "À quelle heure tu arrives ?" et j'ai répondu : "ON sera là vers 11 heures". »

Pourtant, jamais on ne nous a formulé une invitation pour deux personnes...

Ne soyons pas de ces femmes-là !

Il est interdit d'arriver avec son mec à une soirée entre filles (et inversement).

Toute femme qui s'incrustera pendant des vacances « entre mecs » passera automatiquement aux yeux de tous les potes de son mec pour la « connasse ».

On évitera de déclarer :

- **ON** ne regarde plus les infos, il n'y a que des mauvaises nouvelles.
- **ON** ne digère pas les œufs.
- **ON** est des psychopathes.

Sont rédhibitoires :

- Les couples qui s'habillent pareil.
- Les Facebook de couple.
- Les filles qui commencent toutes leurs phrases par : « Mon mec dit que... »

L'accident industriel :
le concept du **« BRANGELINA »**

La presse américaine avait inventé ce concentré de deux prénoms pour parler du couple Brad Pitt et Angelina Jolie. Malheureusement, l'idée a germé dans quelques esprits malades d'appliquer ce concept à leur propre couple.

Ça a donné des :

- **MATNESSA** *(pour Mathieu et Vanessa)*
- **BLAIRO** *(pour Blaise et Véro)*
- **MICOSE** *(pour Mickael et Rose)*

On est des feignasses !

On est sur tous les fronts et y a pas à dire, on assure. On est des Superwomen. Ceci étant dit, il faut avouer qu'on est aussi parfois de sacrées feignasses...

- Qui n'a jamais regardé la télécommande posée sur la table, comme si elle avait des **pouvoirs magiques** parce qu'on a bien calé nos pieds froids sous le plaid ?
- Qui ne s'est pas déclenché **une cystite** par flemme d'aller faire pipi ?
- Qui n'a jamais fait un **joli chignon** parce qu'elle avait la flemme de se laver les cheveux ?
- Qui n'a jamais bu son jus d'orange **dans un mug** parce qu'elle n'avait plus un verre propre ? *(Ben quoi, j'allais pas laver la vaisselle pour UN verre !)*
- Qui n'a pas gardé une lettre à poster **dans son sac** pendant des semaines ? *(Ben quoi, j'allais pas aller à la poste pour UNE lettre !)*
- Qui n'a jamais mangé **directement dans la boîte** par flemme de sortir une assiette ?
- Qui n'a jamais instauré qu'on n'avait pas à prendre de douche **le dimanche ?**
- Qui ne s'est pas lavé **uniquement la frange** *(grasse)* pour ne pas avoir à se laver entièrement les cheveux ?
- Qui n'a jamais porté **un maillot de bain** parce qu'elle n'avait plus de culotte propre dans son tiroir ?

Vous ne vous reconnaîtrez pas dans l'entièreté de cette liste, ni même dans l'entièreté de ce livre. Il n'y a que quelques personnes dans le monde susceptibles de se reconnaître dans tous ces chapitres, et on a les noms.

P.-S. : Pour toutes celles qui ont la flemme de déposer un chèque à la banque (quand c'est un chèque de 12 euros j'entends), celui-ci n'est valable qu'un an et huit jours après son émission.

Règle n° 25

On n'arrêtera jamais de dire : « Foutu pour foutu... »

Interdiction d'aller sur le Facebook de votre ex !

Attention ! Vous allez entrer sur le profil Facebook de votre ex et ce que vous allez y découvrir n'est pas joli joli...

Vous allez découvrir que OUI, il est heureux sans vous ! (Mais vous risquez surtout de découvrir que vous êtes une psychopathe.)

Règle n° 1 :

Enlever son ex de Facebook !

Pour la simple et bonne raison qu'on ne pourra pas s'empêcher d'y aller toutes les 5 minutes et découvrir qu'il est heureux dans sa nouvelle vie.

Témoignages :

« Il sourit sur la photo de mariage de sa cousine alors que ça ne fait que deux mois qu'on n'est plus ensemble... Quel salaud ! »

« Je suis sûre qu'il a mis cette photo exprès !! »

« Qui est cette radasse sur la photo à côté de lui ?? »

« Il essaie de faire le mec heureux, mais je vois bien qu'il souffre. »

« Elle a la main sur son épaule !!?? OH MY GOD !! C'est un signe post-coïtal évident !! »

Vous n'avez pas respecté l'interdiction d'aller sur le Facebook de votre ex !

Si vous n'appliquez pas la règle n° 1, nous ne pouvons que vous prédire le pire : une traque acharnée dont vous ne sortirez pas indemne.

- Analyser ses photos taguées, depuis 2006.
- Guetter le « VU » qui apparaîtra à la suite de votre message.
- Garder votre téléphone à portée de main pour vérifier s'il vous a laissé un message et regarder l'écran à 16h30, 16h32, 16h33, 16h35...

Tout ce qu'on postera, likera, partagera sera désormais calculé par rapport à lui.

On ira jusqu'à demander à notre pote de commenter « Quel canon ! » sur une de nos photos... Photo que notre ex ne verra pas puisqu'**IL NE VA JAMAIS SUR NOTRE FACEBOOK, LUI**.

Si Facebook engendre chez nous des comportements inquiétants APRÈS une relation, il faut avouer qu'il en est de même AVANT une relation :

- Fouiner/analyser/se projeter...
- Regarder ses photos et se demander si ses amis s'entendraient avec les nôtres.
- Traquer les photos de son ex pour voir à quoi ressemble notre potentielle future ennemie.

Et finir par nous trouver plein de points communs :

« C'est incroyable, il aime le tiramisu, comme moi ! »

« Il a liké la page "Vive la vie !" Et c'est dingue parce que j'ai vraiment failli le faire moi aussi ! »

« Il est contre la guerre ! On a tellement de points communs que ça me donne le vertige. »

Règle n° 26

On évitera de dire,
en voyant une fille très
bien faite :
« Ben oui, c'est sûr, moi
aussi si j'avais le temps
et l'argent… »

« Y a deux écoles... »

La liste ci-dessous est le fruit de longues années de joutes verbales et de mauvaise foi assumée.

Lors d'une discussion, quand vous vous trouvez à court d'arguments, peu importe le contexte, n'hésitez pas à piocher dans la liste ci-dessous.

- ***« Les deux se disent. »***

  Exemple : « Brodure, ça n'existe pas, c'est broderie !

  – Les deux se disent ! »

- ***« C'est une légende urbaine. »***
- ***« Ça se fait vachement à New York. »***
- ***« Comment ça Wikipédia dit le contraire ? C'est qui ce Wikipédia ? De toute façon ça reste un site contributif, il faut quand même se méfier... »***
- ***« Pas dans le Sud ! »***

  Exemple : « C'est un gros mot "connasse".

  – Pas dans le Sud ! »

- ***« Non, c'est pas parce que c'est pas sur Internet que ça n'existe pas. »***
- ***« À vérifier... »***

  (Quand quelqu'un nous dit qu'on a tort, on aura juste à répondre : « À vérifier... »)

Et notre préféré :

- ***« Y a deux écoles ! »***

Stop aux statuts Facebook qui…

Il est un sujet sur lequel nous souhaiterions ne plus avoir à revenir. Pourtant, au regard de ce que nous voyons circuler sur « le minitel mondial », une mise au point s'avère nécessaire.

Il s'agit, vous l'aurez compris, des « statuts Facebook ».

Certains statuts Facebook sont définitivement PROSCRITS.

IL FAUT ARRÊTER ! C'EST INSOUTENABLE !

Exemples :

« Mon chérichou a été malade toute la nuit, il s'est vidé le pauvre ! #gastro. »

« Ce week-end, c'est sortie avec les copines et ça risque d'être la bamboula. »

« Quelqu'un a un remède miracle contre l'herpès ? »

« Ça va pas fort… Mais j'ai pas envie d'en parler. »

« Youhouuu !! Je viens d'apprendre une super nouvelle ! »

« Je pense fort à tous les habitants de Syrie #Bigup. »

Sont donc prohibés les statuts :

- Désignant un compte à rebours : J-6.
- Sur l'état gastrique et/ou consistance des selles de votre enfant/conjoint/patron.
- Susceptibles d'entraîner un débat sur l'état du système économique mondialisé, surtout quand vos notions d'économie se limitent à la page 21 de votre livre d'éco de Seconde.

Internet ou comment rencontrer un psychopathe

On connaît tous quelqu'un qui connaît quelqu'un dont la cousine a trouvé l'amour sur le Net. *(Cf. Le chapitre sur les légendes urbaines.)* Loin de nous l'idée de faire des généralités *(vous connaissez notre sens de la mesure)*, mais soyons honnêtes, on y trouve surtout des psychopathes !

Après des recherches poussées et grâce à un grand nombre de témoignages, nous pouvons ici vous dévoiler le résultat de nos analyses.

Représentation de la population masculine rencontrée sur le net :

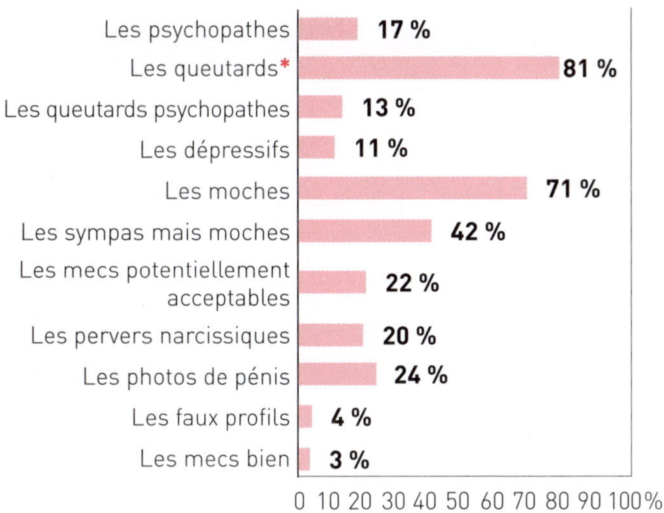

(Évidemment, la plupart cumulent.)

* Ceux qui sont là uniquement dans le but de queuter.

Règle n° 27

On admettra que la mention « All inclusive » entraîne automatiquement une prise de poids moyenne de 2,8 kg.

Parce que la tentation est grande de se dire : « Pourquoi je ferais l'effort... »

- Pourquoi je ferais un effort ?
  Je ne vois personne de la journée...
- **Pourquoi je ferais l'effort de me changer ?**
  Pour être tachée en 5 minutes à cause du petit ?!
- Pourquoi je ferais un effort pour mon mec ?
  Il m'aime quoi que je porte, non ?!
- **Pourquoi je ferais l'effort de rentrer tôt ?**
  Personne ne m'attend le soir à part mon chat. *(Je le soupçonne même de m'ignorer volontairement.)*
- Pourquoi je ferais l'effort de cuisiner toute la journée alors qu'ils mettent une tonne de ketchup dans leur assiette ?
- **Pourquoi je ferais l'effort de parler philo ou de faire des blagues pour séduire un homme alors qu'il suffit de rire aux siennes ?**
- Pourquoi je ferais l'effort de faire attention à ce que je mange ?
  J'ai pas de vacances cet été.
- **Pourquoi je ferais l'effort de me faire jolie pour aller au travail ?**
  Mes collègues ne feraient même pas la différence si je venais en grenouillère.

Comment savoir qu'on ne vit pas dans une comédie romantique américaine

- Nos potes ne ressemblent pas à Patrick Dempsey.
- **Il n'y a pas de musique quand on s'embrasse.**
- On n'a pas de demoiselle d'honneur. *(Même si on demande à nos copines de porter toutes la même robe, personne n'est dupe.)*
- **On n'est pas la petite copine du quarterback.**
- On n'a pas de bal de promo.
- **Le prêtre ne dit pas : « Si quelqu'un veut s'opposer à ce mariage, qu'il parle aujourd'hui ou se taise à jamais. »**
- On n'a pas de casier dans les collèges pour laisser une carte de Saint-Valentin.
- **On n'a pas de voisin sexy.**
- On ne peut pas réclamer de « mandat de perquisition* ».

* On vous l'accorde, il est rarement question de « mandat de perquisition » dans les comédies romantiques américaines, mais il nous paraissait important de le préciser ici... Ça vous évitera de vous payer la honte la prochaine fois que les flics se pointeront chez vous.

- **Il ne se met pas à pleuvoir d'un coup quand on court après notre amoureux dans la rue.**

- On n'a pas de cheerleaders. Les populaires chez nous, c'était Greg parce qu'il faisait du skate et Nathalie parce qu'elle avait déjà des seins au collège.

- **Ils ont le « Peach Pit », on a le « Terminus »** *(le bar à côté de la gare où on peut jouer au Rapido).*

- On n'a pas de cérémonie pour nos diplômes avec ce délicieux chapeau carré avec pompom. *(Nous, on se réunit devant un tableau, on regarde les résultats sur Internet et on prépare le rattrapage.)*

- **Si on se met à chanter au milieu de la rue, il n'y a pas d'inconnus qui se réunissent derrière nous pour entamer une chorégraphie.**

- On n'appelle pas notre prof de sport « Coach ».

- **Le mec qui est assis à côté de nous dans le train n'est JAMAIS un beau gosse.**

- L'amour ne sonne jamais à la porte. D'ailleurs personne ne sonne jamais à la porte *(Interphone, Digicode, sas de sécurité, sas de décompression...).*

- **Quand on emménage, aucun voisin ne vient nous accueillir avec un panier de muffins ou un plat de macaronis au fromage.**

Le retour de la « *badass* »

Nous avons en nous de multiples personnalités qui s'expriment différemment selon les circonstances. L'une d'entre elles a tendance à parler plus fort que les autres, à rire plus fort que les autres, à avoir ce qu'on appelle la « connerie ».

Il s'agit de la « *badass* » (traduction de « dure à cuire » en anglais).

La *badass* est en quelque sorte notre « double diabolique », notre « jumelle maléfique ».

Elle se dévoile toujours à un moment charnière de la soirée. Vous la reconnaîtrez aisément, elle nous ressemble beaucoup mais n'est pas vraiment nous.

En fait, c'est nous, mais en pire !

Pour pouvoir bien différencier le « nous » de notre « double *badass* », nous avons pris l'initiative de lui donner le même prénom que nous, mais en rajoutant « ass » à la fin.

Exemples :

Jessica devient « **Jessicass** ».

Nathalie devient « **Nathalass** ».

Mounia devient « **Mouniass** ».

« C'est pas vraiment moi qui danse sur ce podium, c'est Mathildass. »

« J'ai comme l'impression que Lolass va poser une galette... »

« Je serais incapable de tromper mon mec, Sophiass par contre... »

Règle n° 28

On évitera de dire qu'on veut ouvrir une chambre d'hôtes juste parce qu'on aime la déco.

Notre ex, cette girouette

- *Lui :* « Je ne suis pas sûr d'être prêt à être en couple. »

  → ***Quelqu'un l'a croisé à IKEA avec sa nouvelle copine.***

- *Lui :* « On partage ? »

  → ***Il vient d'offrir une voiture à sa nouvelle copine.***

- *Lui :* « Ça va trop vite entre nous. »

  → ***Une Hollandaise de 20 ans qu'il connaît depuis deux semaines vient de s'installer chez lui.***

- *Lui :* « J'ai peur de l'engagement. »

  → ***On apprend qu'il va se marier.***

- *Lui :* « Je ne veux pas d'enfants. »

  → ***On apprend qu'il va bientôt être papa.***

- *Lui :* « Ne compte pas sur moi pour te faire à manger. »

  → ***Il vient de s'inscrire en couple à « Top Chef ».***

- *Lui :* Il n'a jamais voulu nous accompagner à la piscine.

  → ***Il s'est inscrit à un cours de yoga Bikram avec sa nouvelle copine.***

- *Lui :* Il n'a jamais voulu que vous preniez un animal.

  → ***Il a adopté un joli petit jack russel avec son nouveau copain *.***

> !
>
> Quoi que vous fassiez, évitez de lui dire :
>
> **« Tu n'en trouveras plus jamais une comme moi ! »**
>
> Il risquerait de vous répondre :
>
> **« C'est le but ! »**

* Dans ce cas précis, le fait qu'il ait adopté un chien n'est sûrement pas ce qui vous a le plus étonnée.

Comment se donner une contenance

« Se donner une contenance » = manière qu'a quelqu'un de se tenir en telle ou telle circonstance. (Cf. déf. Larousse.fr)

Parce que contrairement à la femme parfaite, il nous arrive très souvent de ne pas nous sentir à l'aise, voire de nous sentir seule, nulle, inutile...

Liste des choses qui nous feront passer le temps et nous feront paraître très occupée, ou très importante parce que très occupée :

- Apprendre par cœur l'étiquette de la bouteille de vin quand on attend quelqu'un au restaurant.
- **Relire les vieux textos et les classer par ordre d'importance.**
- Lire les plans d'évacuation incendie dans une salle. (« Excusez-moi, mais je suis très occupée, j'essaie de situer l'escalier B. »)
- **Ranger les applications de son portable par dégradé de couleur.**
- Compter le temps que met une **rondelle de citron** pour remonter à la surface de notre gin tonic.
- **Prendre une position physique qui semble dire : « Hey ! Je suis très à l'aise et complètement détendue alors que personne dans cette soirée ne semble vouloir m'adresser la parole. »**
- Enlever entièrement son vernis à ongles avec les ongles et/ou les dents.
- **Enlever une à une les bouloches de notre pull. (La femme parfaite ne peut pas parce que son pull à elle ne bouloche pas.)**

Pourquoi les femmes vont-elles à deux aux toilettes ?

Certains mystères restent irrésolus…
ET C'EST peut-être MIEUX AINSI*.

* La réponse « Pour se tenir la porte » ne sera pas retenue car cela fait bien longtemps qu'il y a des verrous aux portes. À moins évidement que vous ne sortiez régulièrement dans des saloons.

Règle n° 29

On admettra que
les mots les plus doux
à l'oreille ne sont pas
«Je t'aime» *mais* «Buffet
à volonté.»

On ne sait pas prendre de décision

On passe notre vie à faire des choix, mais quelquefois le mécanisme s'enraye et la moindre prise de décision nous paraît tout simplement insurmontable : Quoi commander ? Que choisir ? Quoi lui répondre ??

« Je vais prendre un thé. Non, une vodka. Non, un thé... »

« J'ai longtemps hésité entre Julien et Stéphane, et puis je suis sortie avec Mélissa. »

« J'ai fait 4 premières années à la fac : médecine, archéo, psycho et danses folkloriques. »

Le deuxième cas de figure consiste à prendre enfin une décision sans réussir à s'y tenir.

« J'ai acheté L'espagnol facile *en 1998. J'en suis à la leçon 2. »*

« Je n'ai pas fini mon tatouage... Trop mal. »

« J'ai 17 livres entamés sur ma table de chevet. »

« J'ai commencé l'épilation définitive, mais je ne suis pas allée jusqu'au bout. »

STOP à la culpabilité ! Ce n'est pas que nous n'avons pas de volonté, c'est plutôt que nous avons une légère tendance à changer d'avis, à vouloir étudier d'autres options.

« Plus tard, je serai "princesse/pompier" ou "président de la République/joueur de quidditch". »

Finalement, pourquoi faudrait-il choisir ?

Nous sommes des femmes... Nous pouvons tout faire !

On a peur de ne pas être invitée à la boum de Raoul... encore à notre âge

La femme parfaite est toujours à l'aise, elle a une confiance en elle et en l'avenir qui force l'admiration.

A contrario, on a tellement peu confiance en nous qu'on en devient paranoïaques.

Ça vient sûrement de l'enfance et de la trouille de ne pas être invitées à la boum de Raoul.

Témoignages :

« Quand on me fait un compliment, je pense toujours que cette personne se force et/ou a pitié de moi. »

« Quand mon boss me félicite, ça me panique ! C'est vrai, il a l'air surpris par mon efficacité. »

« J'ai la trouille que personne ne vienne à mon enterrement. »

(Anniversaire, pot de départ).

« J'ai toujours l'impression que les stagiaires me jugent et me trouvent incompétente. »

(C'est sûrement le cas... Et surtout n'oubliez pas qu'ils convoitent votre place, alors restez vigilante !)

« Quand je me retrouve dans une soirée avec des gens cool, j'ai souvent peur qu'on me demande de partir : "Excusez-moi mademoiselle, mais il faut partir car... Vous n'êtes pas cool !" »

Les gens ne vous veulent pas forcément du mal...

OK, sauf Christelle qui, elle, vous déteste... Mais bon, on sait tous que Christelle* est une connasse.

---

* Petit message à toutes les Christelle : on n'a vraiment rien contre vous. On devait choisir un prénom et c'est tombé sur celui-ci, mais en vrai, on vous kiffe.

Quand ta copine t'annonce qu'elle est enceinte...

On pense spontanément :

« Super... On ne va plus parler que de ça pendant les dix prochains mois. »*

« Et moi qui préparais mon mariage... Elle est en train de me voler la vedette. »

« Hihi !! Qui c'est qui sera plus grosse que moi cet été ? »

« Merde... Avec qui je vais partir au Club Med, moi ? »

Rhooo, mais bien sûr qu'on est heureuses pour elle ! Les plus heureuses, même ! Mais on estimait qu'étant donné le degré d'intimité et de confiance réciproque qu'on avait tissé à travers ce livre... Il était inutile de le préciser !

Alors ?! Qui se sent bête là tout de suite ?!!
Bon, reprenons le cours de notre histoire...

Réactions de connasse :

« Et tu vas le garder ? »

« Tu sais qui es le père ? »

« Ça me rassure, je pensais que tu avais encore abusé des "buffets à volonté". »

« Et tu n'es pas mariée ? »

« Toi maman ?! Hahahaha !! »

---

* Ah non, on nous fait signe que ce sera plutôt « les dix prochaines années ».

Règle n° 30

On n'oubliera pas que les gens de la mode ne nous veulent pas forcément du bien. Certaines choses ne deviennent à la mode que dans le but de nous humilier.

Comment réussir une intervention

Intervention = action d'intervenir.

On retrouve cette pratique dans différentes séries américaines. « L'intervention » est l'action de se réunir entre amis lorsqu'on a quelque chose à annoncer et/ou à reprocher à l'un d'entre eux.

Il est des défauts, des choses horripilantes que notre ami s'obstine à faire mais que l'on a ni l'envie, ni le courage, d'évoquer avec lui.

Pourtant, il devient quelquefois nécessaire d'agir et de lui organiser une réunion pour le mettre enfin face à ses problèmes.

1. Ménagez le suspense : il faut le prendre **par surprise.** Lorsqu'il entrera dans la pièce, ses amis seront réunis, en train de l'attendre...

2. Équipez-vous d'une pancarte **« INTERVENTION »** pour qu'il n'y ait pas le moindre doute sur les raisons de votre présence.

Exemples de sujet d'intervention :

- Il fait la **même blague** depuis 1998.
- Sa copine est une **connasse**.
- Il se considère comme un **« rasta blanc »**.

« Les vieilles pantoufles "Homer Simpson" de mon mec puent, il faut qu'il s'en débarrasse. »

« Sanaka et Arsen s'obstinent à faire des jeux de mots en notre présence. »

« Rachel abuse des UV et pense que ça fait naturel, elle est orange ! »

Le gratteur d'amitié

En amitié, il existe des règles que nous pensions ne pas avoir à préciser. Pourtant, au vu de ce qui nous a été rapporté, il est plus que nécessaire de théoriser le principe suivant :

Lorsqu'on nous présente une personne *(exception faite du domaine sentimental)*, **on ne doit pas revoir cette personne sans proposer à celle/celui qui nous l'a présentée de se joindre à nous.** *(Au moins la première fois.)*

ON NE SQUEEZE PAS L'INTERMÉDIAIRE !

On l'appelle communément **« Le gratteur d'amitié »** :

- Il contacte tes amis pour les voir quand tu n'es pas là.
- Il demande automatiquement tes amis sur Facebook.
- Il vient d'arriver et fait déjà des private jokes avec tes collègues.

Le gratteur de famille :

- Il va manger chez tes parents... sans toi.
- Le nouveau petit copain/copine d'un membre de notre famille s'incruste à Noël.
- Ton père l'appelle « Fils ».

Le gratteur de vie :

- Il s'habille comme toi.
- Il parle comme toi.
- Il se fait passer pour toi.

Prenons garde ! Si nous étions dans un film, on retrouverait notre chat dépecé au fond de notre jardin...

Si tu es désagréable, c'est que tu es quelqu'un d'important

Nous nous demandions pourquoi certaines personnes évitaient sciemment d'être agréables avec les gens.

Par exemple, pourquoi refusent-elles de sourire au videur à l'entrée d'une discothèque ?

Eh bien nous avons la réponse : pour ces gens-là, si tu es désagréable c'est que tu peux te le permettre et par conséquent que tu es quelqu'un d'important. CQFD.

WTF* ??!! Qu'est-ce qui a bien pu se passer dans l'enfance de ces gens-là pour qu'ils aient un si grand besoin d'amour ??!

Il existe une variante qui consiste à se rendre dans une soirée en étant habillé de la façon la plus négligée possible parce que faire un effort vestimentaire insinuerait que tu as besoin de ça pour entrer.

Témoignage : « *Moi, je rentre aux Caves du roi avec des baskets pourries.* »

> **Réaction supposée :** « *Whouaou ! Qu'est-ce que tu dois être quelqu'un d'important et d'intéressant ! J'ai par conséquent une irrépressible envie de faire du sexe avec toi.* »
>
> > **Réaction préconisée :** « *Ho bichon, j'en connais un qui a des choses à prouver... Viens là que je te fasse un gros câlin.* »

* *What the fuck ??!!* (C'est de l'anglais.)

Le frisson de la honte

Il existe une variante à la « perte de dignité » qu'on appelle le « frisson de la honte ». Il s'agit du moment où on est très mal à l'aise pour quelqu'un d'autre, où on a honte pour lui.

On voit arriver le « frisson de la honte » de loin, mais quand il est lancé, nul ne peut l'arrêter.

Quelques exemples :

- **Quand une personne tend la main en signe de « Give me five ! » et que personne ne lui tape dans la main.**
- Quand une personne insiste pour expliquer sa blague. *(Si on n'a pas ri, ce n'est pas parce qu'on n'a pas compris.)*
- **Quand une personne drague ouvertement quelqu'un alors qu'elle n'a aucune chance.**
- Quand quelqu'un prend la parole alors qu'on sait qu'il va dire une ÉNORME bêtise.
- **Quand on regarde *Confessions intimes*.**

Le principe du coussin

On reconnaît aisément qu'on est en présence d'un « frisson de la honte » quand, en regardant quelqu'un s'humilier à la télévision, on prend automatiquement un coussin pour le mettre devant nos yeux tellement on est mal à l'aise pour lui.

Règle n° 31

On évitera
de montrer une photo
de son animal
de compagnie
lorsqu'un nous
montre une photo
de ses enfants.

Remerciements

Merci à notre père et à notre mère qui ont rendu ce livre possible. Merci aux Woo girls, Prunes, Céline, Audrey, Gaëtane et Melow. Merci à notre éditeur Christophe Absi qui nous a laissées raconter tout ce qu'on a voulu sans jamais nous censurer, même quand on a voulu placer le mot « couille » trois fois dans la même page. Merci à Benj, Lulu, Amélie, Seb, Nadié, Neige et Sanaka. Merci aux Coyotes sur qui on a pu tester nos nouvelles théories. Merci à tous ceux qui sont là depuis le début et aux nouveaux venus Adam et Louise, nos neveux adorés. Merci à tous ceux qui nous ont suivies, se sont enthousiasmés, se sont réjouis pour nous.

Bref, merci à vous.

Margaux Motin / Anne-Sophie Girard & Marie-Aldine Girard
Margaux Motin
rencontre
LA FEMME PARFAITE EST UNE CONNASSE !
Le best-seller des sœurs Girard enfin adapté en bande dessinée !
FLUIDE GLACIAL & J'AI LU

Mise en page : Clément Chassagnard
Achevé d'imprimer en Chine par Imago Publishing Ltd.
pour le compte des Éditions J'ai lu en septembre 2015
1er dépôt légal dans la collection Septembre 2015

Éditions J'ai lu
87, quai Panhard-et-Levassor, 75013 Paris
Diffusion France et étranger : Flammarion